W9-CHN-335

espalda sana

Tia Stanmore

 integral

Nota del editor: Las ideas, procedimientos y sugerencias de este libro no pretenden sustituir el asesoramiento de los profesionales de la salud. Consulte a su médico de cabecera ante cualquier trastorno que pueda exigir un diagnóstico o atención médica.

Espalda sana

Título original: *Spine Work*
Autora: Tia Stanmore
Traducción: Daniel Menezo
Diseño de la cubierta: La Page Original
Realización de la edición española: Editec

Primera edición: junio de 2003

© de la edición original: 2002, Octopus Publishing Group
© de la edición española: 2002, RBA Libros, S.A.
Pérez Galdós, 36
08012 Barcelona
www.rbalibros.com / rba-libros@rba.es

ISBN: 84-7901-945-X
Ref.: GO-88

Sumario

Introducción

El movimiento es esencial para nuestra existencia. Cuando nos movemos, participamos de una amplia gama de actividades en todo tipo de entornos diferentes, y para ello necesitamos una compleja gama de habilidades para mantenernos erguidos frente a la fuerza de la gravedad. Mientras vivimos el día a día (sentados ante un ordenador, conduciendo, llevando en brazos a un niño o corriendo por la playa), nuestro cerebro procesa la información sensorial sobre nuestra posición espacial y las características de nuestro entorno, controlando en consecuencia nuestros músculos. Todo esto sucede en un plano subconsciente, y somos capaces de realizar los movimientos pertinentes para hacer lo que queramos sin tener que concentrarnos en nuestro yo físico.

Por útil que esto sea, no siempre es bueno para nuestra salud corporal. Por ejemplo, si pasas horas sentado ante una mesa, al cabo de un tiempo tu cuerpo se resentirá, anquilosando tus articulaciones y tensando tus músculos. Si esto sucede regularmente y se convierte en una costumbre, puede tener efectos a largo plazo que son perjudiciales para el esqueleto y los músculos. Puede incluso causar lesiones en la columna.

Hace falta un esfuerzo constante para alterar los modelos subconscientes de movimiento, para mejorar la salud y la postura, y no podemos hacerlo únicamente a un nivel consciente. Debemos sustituir los modelos de movimiento reiterados y dañinos por otros que no perjudiquen el cuerpo. Esto lleva su tiempo, y conlleva alterar cómo nos movemos y ser más conscientes de nuestro cuerpo y de su funcionamiento. El efecto general será el de mejorar la eficiencia física y permitirnos experimentar la vida con una mayor conciencia de nosotros mismos y de nuestra relación con el medio ambiente, apreciando aún más nuestro cuerpo y su potencial.

El método Pilates para la columna

El método Pilates fomenta la flexibilidad y la potencia de la espalda, así como su estabilidad; crea un cuerpo que es ágil y fuerte; y te enseñará cómo funcionan los músculos para respaldar y proteger la columna. Se basa en una terapia física, el análisis de movimientos, la danza y el yoga, y puede adaptarse a cualquier nivel de tono muscular, edad y estructura corporal. Las técnicas empleadas van destinadas a fortalecer los músculos abdominales y vertebrales, para evitar dolores en la espalda. En el caso de quienes ya padezcan este dolor, el método puede contribuir a la mejora postural y del movimiento, para evitar su recurrencia. Puede ser beneficioso para las personas sedentarias, o aquellas que desean mejorar su habilidad deportiva, así como para atletas y bailarines profesionales.

El metodo Pilates está diseñado para acondicionar todo el cuerpo. Fomenta la integración de cuerpo y mente, y te ayudará a alcanzar la precisión en el control muscular, la coordinación y la fluidez de movimientos. El método intenta combinar principios científicos tradicionales con disciplinas complementarias, para crear un sistema de entrenamiento innovador, eficaz y seguro.

Espero que este libro te enseñe cómo corregir los desequilibrios posturales, motivándote a explorar con más detalle algunas de las disciplinas comentadas o todas ellas, aumentando así el conocimiento de tu cuerpo y sus funciones, así como la relación que éste tiene con tu mente.

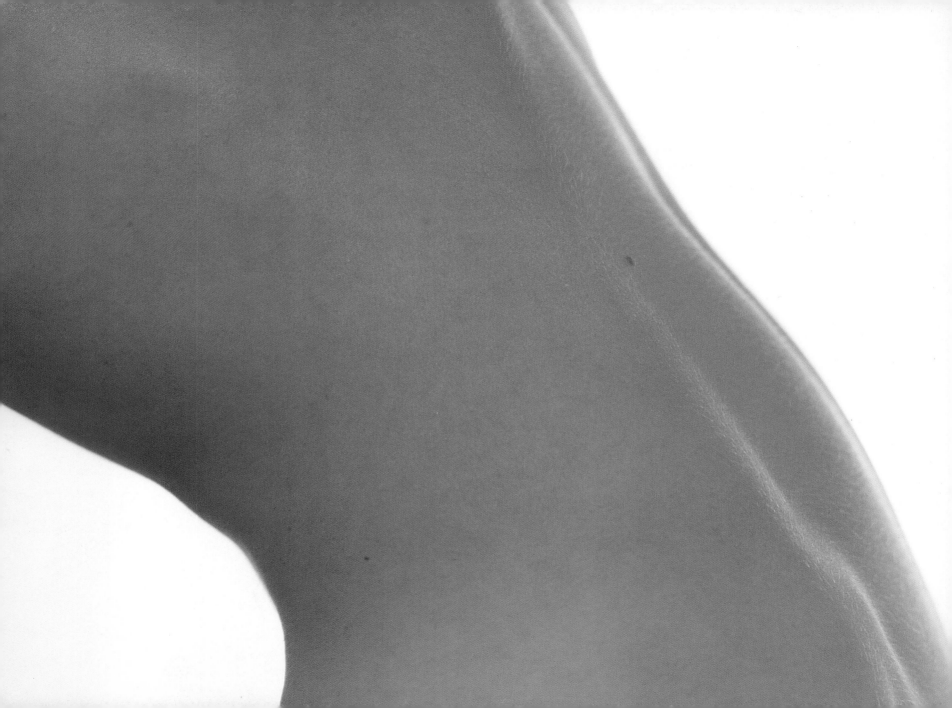

Qué es Pilates

Principios y objetivos de Pilates

El método Pilates, desarrollado por Joseph Pilates a principios del siglo XX, combina principios de disciplinas orientales y occidentales. Pilates, que describió su técnica como un método de acondicionamiento físico y mental, se vio influido por los ejercicios terapéuticos, el yoga, la danza y las artes marciales. En los años veinte, abrió un estudio en Nueva York, donde trabajó estrechamente con el mundo de la danza.

Gracias a una creciente investigación en el movimiento humano y a la terapia a base de ejercicios, el método se ha desarrollado de diversas maneras, pero sigue basándose en gran medida en el paradigma y los ejemplos dinámicos de la obra revolucionaria de Joseph Pilates. En los últimos años, los líderes en el campo de la investigación de la columna han promovido los principios de Pilates aplicados a la reducción del dolor vertebral, en especial el dolor agudo y crónico de la espalda.

Pilates puede contribuir al control de:

- dolores de la columna
- lesiones en el tejido conjuntivo
- anquilosamiento articular
- la prevención de lesiones
- lesiones producidas por el deporte
- lesiones producidas por la danza
- el síndrome de desgaste laboral
- la asistencia prenatal y posnatal

Los objetivos de Pilates son:

Relajación: trabajar sin una excesiva tensión muscular y liberar los modelos de contracción muscular.

Concentración: realizar cada ejercicio con precisión y entrenar los músculos para que trabajen automáticamente.

Alineación: reeducar la postura y equilibrar los músculos que rodean las articulaciones.

Coordinación: refinar el control cerebral del movimiento corporal y su función dinámica.

Respiración: permitir la relajación de cualquier rigidez vertebral y ayudar al control de los movimientos.

Fluidez de movimientos: centrarse en la proyección desde el centro del cuerpo y la realización de movimientos lentos y suaves.

Centrado: con todos los ejercicios, los músculos profundos abdominales y columnares trabajan juntos para estabilizar la columna y mantener el control de la zona pelvicolumbar.

Resistencia: desarrollar los músculos estabilizadores e integrarlos en la vida cotidiana, el trabajo y el deporte.

Imaginación: desarrollar una visión interna del cuerpo tanto en alineación postural como en movimiento funcional, que aumente la calidad y eficacia del movimiento.

Integración: desarrollar la capacidad de realizar los movimientos usando todo el cuerpo, para equilibrar el esfuerzo esquelético y muscular.

Cómo funciona Pilates

Pilates es un método de condicionamiento físico completo, que combina cuerpo y mente para mejorar la precisión del control muscular, la fuerza y la flexibilidad. Pilates consigue una calidad de movimientos y funciones mediante el fomento de la consciencia, la coordinación y la resistencia físicas.

Los ejercicios se centran en desarrollar la fuerza del torso mediante el uso adecuado de los músculos espinales, que actúan de estabilizadores y ofrecen un apoyo vital para la columna. Cuando se realizan lentamente, siendo conscientes del movimiento corporal, los ejercicios controlan el cuerpo y concentran la mente. En cada secuencia se enfatiza la respiración, el inicio correcto de la acción muscular y el respaldo postural, de modo que los principios puedan aplicarse a las actividades cotidianas.

Pilates desarrolla la estabilidad proximal, es decir, el control del torso sin cargar la columna, de modo que todos los movimientos se controlen frente a un trasfondo estable. Además, puede corregir cualquier desequilibrio muscular originado por lesiones y problemas posturales, alineando el cuerpo correctamente y equilibrando las fuerzas musculares y externas que actúan sobre las articulaciones y estructuras locomotoras.

Si se repiten regularmente unos ejercicios de movimiento específicos, pueden inducir la hiperactividad de algunos grupos musculares y la hipoactividad de otros; por ejemplo, los músculos de resistencia en diversos programas de ejercicios, deportes y artes de la interpretación. Esto puede suceder también con actividades recreativas o en el entorno laboral. Por ejemplo, una persona que levanta pesos regularmente usando los músculos de brazos y hombros, sin la ayuda de los poderosos músculos torácicos, padecerá un debilitamiento de los estabilizadores (básicamente, los músculos dorsales y abdominales), así como debilidad y tensión en los músculos de brazos y hombros. Esto acabará produciendo una lesión y degeneración de la columna, desprovista de respaldo. Entonces es posible que el resto del cuerpo compense esta debilidad, lo cual puede producir lesiones adicionales en otras partes del cuerpo. El mal uso constante del sistema locomotor puede conformar un ciclo complejo, pero es evitable y reversible en todos los casos, excepto en los más graves.

Pilates puede formar parte integral de la rehabilitación por sobrecarga o mal uso del cuerpo, reduciendo el riesgo de desequilibrios reiterativos tras la recuperación. Desarrolla los músculos todo a lo largo de su campo de movimiento, siguiendo diversos modelos dinámicos, y da como resultado unos músculos más distendidos y flexibles, dotados de una mayor fuerza.

Cómo hacer los ejercicios

Para empezar, debes hacerlos tumbado, de modo que tu cuerpo esté apoyado. Esto permitirá a tu cuerpo disponer de una buena alineación mientras realizas cada movimiento. Más adelante podrás hacer los ejercicios sentado, de rodillas o de pie, y deberías incorporar los principios a tus actividades cotidianas. En última instancia, el conocimiento físico que extraigas del método alterará tu modo de moverte y de realizar habilidades prácticas; además, te mostrará cómo refinar tus movimientos corporales en situaciones que pueden ocasionarte lesiones. Hay dos modos fundamentales para el método Pilates: el ejercicio con colchoneta y el ejercicio con máquinas.

Ejercicios con colchoneta

Estos ejercicios conllevan una serie de movimientos realizados tumbado, sentado o de pie. Los ejercicios coordinan la fuerza y el control postural, y conllevan la participación de los músculos de todo el cuerpo. Los ejercicios se van complicando a medida que aumenta la conciencia, potencia, flexibilidad, coordinación y resistencia. El ejercicio con colchoneta constituye la base del estudio teórico, más complejo, que a su vez prepara al cuerpo para que funcione a su nivel óptimo.

Ejercicios con máquinas

Los ejercicios con máquinas pueden ser individuales o en grupo, y la enseñanza se basa en un programa individualizado con metas concretas. Los ejercicios conllevan el uso de un equipo especializado que se enfrenta a la resistencia del cuerpo, y que la proporcionan unos muelles que pueden ajustarse a diversas intensidades. Un sistema de poleas proporciona más opciones para ejercitarse.

Pilates

y tu cuerpo

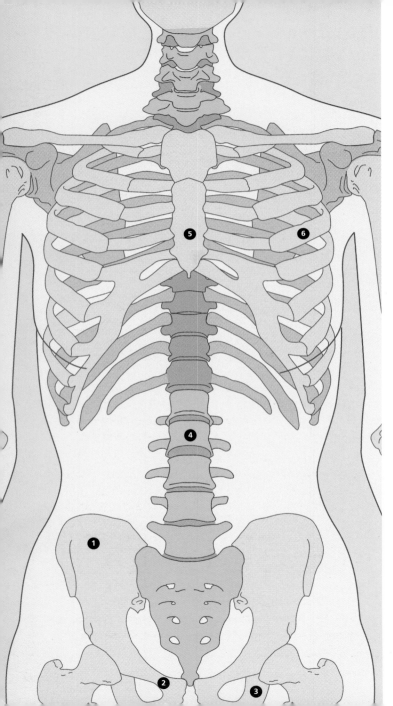

1 Ilion
2 Pubis
3 Isquion
4 Columna
  vertebral
5 Esternón
6 Costillas

La columna vertebral

La columna vertebral, o espina dorsal, va desde la base del cráneo hasta la pelvis, y se compone de 33 huesos distintos llamados vértebras, que rodean y protegen la médula espinal. Las vértebras se unen mediante fuertes ligamentos y tienen discos flexibles, llamados intervertebrales, colocados entre ellas para actuar como amortiguadores. La columna se divide en cinco zonas.

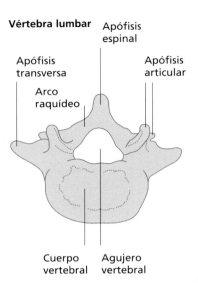

Vértebra lumbar

Apófisis espinal

Apófisis transversa

Apófisis articular

Arco raquídeo

Cuerpo vertebral

Agujero vertebral

Las vértebras

Una vértebra típica consta de un cuerpo, un agujero raquídeo y siete apófisis, una espinal, dos transversas y cuatro articulares. El cuerpo vertebral forma la parte central de cada vértebra, y estos cuerpos, unidos, son los que componen la columna vertebral. El cuerpo es más o menos cilíndrico y tiene una superficie superior e inferior aplanada, que forma una articulación con las vértebras adyacentes gracias a los discos intervertebrales. El arco raquídeo rodea un canal llamado agujero vertebral, atravesado por la médula espinal. Las apófisis están sujetas al agujero raquídeo. Sin embargo, las vértebras no son idénticas entre sí. El tamaño y forma de cada una refleja la función que realiza de acuerdo con su posición en la espina dorsal.

La región cervical

La primera de las cinco regiones de la columna, la situada más arriba, es la cervical. Es la zona del cuello, y se compone de siete vértebras. Las dos primeras están especializadas para sostener la cabeza y permitir que se mueva libremente.

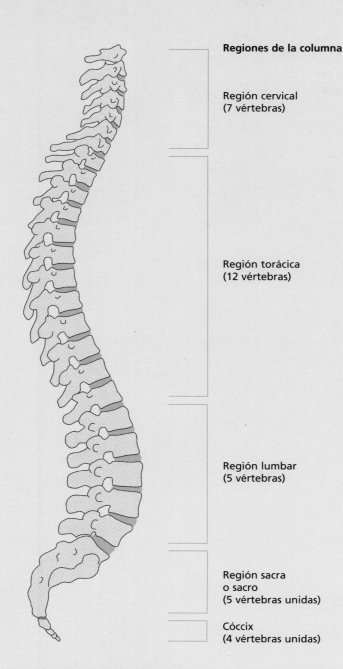

Regiones de la columna

Región cervical
(7 vértebras)

Región torácica
(12 vértebras)

Región lumbar
(5 vértebras)

Región sacra
o sacro
(5 vértebras unidas)

Cóccix
(4 vértebras unidas)

La región torácica

La región torácica, o tórax, es la parte del cuerpo flanqueada por las costillas, y esta región de la columna se compone de 12 vértebras. Éstas presentan en los laterales de su cuerpo y en sus apófisis transversas unas muescas para encajar las costillas. La caja torácica está formada por las 12 vértebras torácicas, el esternón y los 12 pares de costillas. Altera su volumen durante la respiración, cuando el diafragma (un músculo abombado situado en la base de los pulmones), el esternón y las costillas se mueven arriba y abajo, aumentando al inspirar y decreciendo al espirar.

La región lumbar

Esta región se compone de 5 vértebras, que son más grandes y fuertes que las demás, porque tienen que soportar mucho más peso. La vértebra lumbar inferior descansa sobre la parte superior del sacro.

La región sacra

El sacro consta de cinco vértebras fusionadas. Se halla en la base de la columna y juega un papel esencial como apoyo de la misma. Las presiones se transmiten a través de la columna hasta el sacro, y de allí a las piernas.

El sacro, con los dos huesos de la cadera (compuesto cada uno de ilion, isquion y pubis) y el cóccix, forma la cintura pélvica, o pelvis. Este anillo óseo une el torso con las extremidades inferiores. Tiene una amplia gama de funciones, entre ellas la de ofrecer anclaje a los músculos, y soportar el peso del cuerpo cuando está de pie o sentado. Las dos articulaciones sacroilíacas, donde el sacro se une a los ilions, poseen fuertes ligamentos, que sujetan las articulaciones y absorben las presiones aplicadas sobre ellas.

El cóccix

El cóccix forma un pequeño apéndice del sacro. Consta de cuatro vértebras en la base de la columna, que suelen estar fusionadas, aunque la primera puede constituir una pieza suelta.

Las articulaciones espinales y los discos intervertebrales

Existen tres articulaciones entre cada una de las vértebras de la columna lumbar. Los discos intervertebrales, colocados entre dos cuerpos vertebrales adyacentes, forman una articulación. Disponen de una zona exterior fibrosa *(annulus fibrosus)* y una parte central blanda y semilíquida *(nucleus pulposus)*. Los discos están sujetos a los ligamentos situados delante y detrás de los cuerpos vertebrales y al cartílago que recubre las superficies superior e inferior de éstos, y no pueden moverse libremente. Las apófisis articulares forman articulaciones a los costados derecho e izquierdo de la vértebra, que se llaman carillas articulares. Cada disco intervertebral posibilita el movimiento entre los segmentos vertebrales, y actúa como amortiguador. Cuando se aplica una presión sobre el disco, éste absorbe una parte de la misma pero también amortigua el impacto apoyándose sobre la vértebra adyacente. Las carillas articulares mantienen en posición la articulación intervertebral, evitando que se retuerza demasiado o se desplace hacia delante.

Los ligamentos

Todas las articulaciones de las regiones espinales se hallan sujetas con ligamentos, que limitan su movimiento en determinadas direcciones. Toda la columna vertebral está sujeta por dos ligamentos. El ligamento longitudinal anterior está sujeto a la parte delantera de los cuerpos vertebrales y los discos, y va desde la base del cráneo a la parte superior del sacro. El ligamento posterior está unido indirectamente a la base del cráneo, y baja por detrás de los cuerpos vertebrales y los discos desde la segunda vértebra cervical hasta el sacro. El ligamento anterior protege las vértebras de un movimiento excesivo hacia atrás, y el ligamento posterior evita la separación excesiva de los cuerpos vertebrales cuando nos inclinamos hacia delante.

1 Discos intervertebrales
2 Carilla articular
3 Médula espinal
4 Apófisis vertebrales
5 Cuerpo vertebral

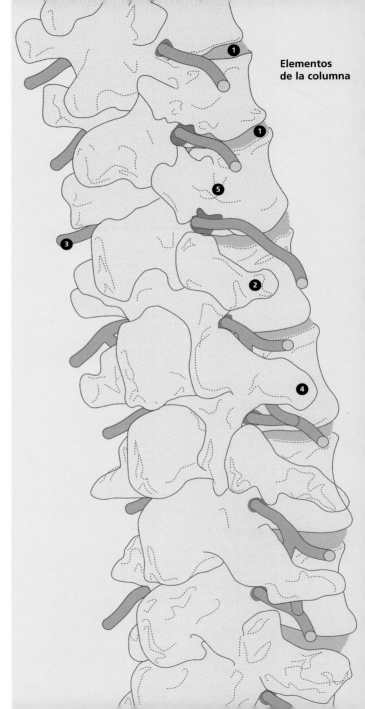

Elementos de la columna

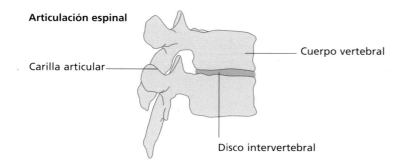

Articulación espinal

Cuerpo vertebral

Carilla articular

Disco intervertebral

La lordosis lumbar

En la postura erguida normal, la columna lumbar describe una curva
cóncava natural, conocida como lordosis lumbar. La columna consta de
una serie de curvas, cada una diseñada para funciones distintas, que se
desarrollan en función de la gravedad. La lordosis lumbar está diseñada
para resistir grandes presiones, y es capaz de absorber y transmitir el peso.
Se desarrolla cuando el bebé empieza a extender las piernas y a soportar
peso por medio de ellas. La columna lumbar se encuentra sobre el sacro,
que la respalda; la superficie superior de éste se inclina hacia abajo y hacia
delante, de modo que la curva de la columna lumbar mantiene el cuerpo
erguido. La lordosis lumbar y una curva parecida en la región cervical,
la lordosis cervical, son fundamentales para preservar la flexibilidad y
resistencia de la columna. Una espalda demasiado recta o una curvatura
excesiva de la columna (la disfunción conocida como hiperlordosis) pueden
producir lesiones en ella o una temprana degeneración de la misma.

El conducto vertebral

La serie de agujeros que atraviesan el centro de las vértebras forman el
conducto vertebral o raquídeo, que rodea y protege la médula espinal.
En la disfunción llamada estenosis espinal, el agujero se estrecha, lo cual
puede ejercer presión sobre la médula. Este problema tiende a darse sólo
en la región lumbar.

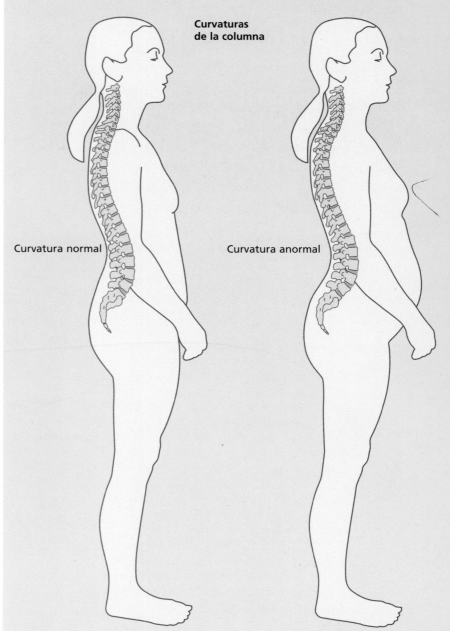

**Curvaturas
de la columna**

Curvatura normal

Curvatura anormal

El movimiento lumbar

Una columna sana realiza movimientos en todos sus puntos. Los músculos y los ligamentos varían la posición de las vértebras, mientras que los discos intervertebrales absorben los impactos y otorgan flexibilidad a la columna.

La columna lumbar tiene una gama mayor de movimientos que la torácica, debido a que sus discos intervertebrales son más gruesos. La cara exterior del disco presenta filas de tejido fibroso que puede estirarse y recuperar su posición originaria. Funcionan como ligamentos, de modo que en cualquier dirección que se mueva la articulación, siempre habrá algunas fibras que eviten un movimiento excesivo.

La flexión

La flexión de la región lumbar reduce la lordosis, y puede conseguirse con facilidad. Está controlada por los músculos espinales, y limitada por la tensión de los discos intervertebrales y el ligamento longitudinal posterior. La tensión de este ligamento permite un aumento de la flexibilidad hacia

delante de la zona lumbar inferior. Sin embargo, esta flexión comprime la articulación y debilita el apoyo posterior a los lados de los discos intervertebrales. Esto puede causar una hernia discal, si se rompe la capa fibrosa externa y sale al exterior parte de su contenido blando.

La extensión

La extensión, o enderezamiento, aumenta la lordosis y está controlada por el ligamento longitudinal anterior, los discos intervertebrales, las grandes apófisis espinales y el «cerramiento» de las carillas articulares.

Otros movimientos de la columna lumbar

Flexión lateral

La flexión lateral de la columna lumbar varía mucho entre individuos, y cambia con la edad. En la madurez, el grado de flexión lateral es la mitad de lo que lo fue durante la infancia.

Rotación

La columna lumbar tiene una capacidad de rotación o giro mínima. Durante la extensión no es posible la rotación, debido a la posición de las carillas articulares. A la inversa, a medida que aumenta la flexión lo hace también el grado de rotación.

El sistema musculoesquelético

El sistema muscular participa en la generación del movimiento, tanto del cuerpo como de los órganos internos. En el sistema musculoesquelético, para generar los movimientos, los músculos tiran de tendones conectados a los huesos. La mayoría de éstos implican el uso de más de un grupo muscular, y en el cuerpo hay cientos de músculos que pueden controlarse conscientemente. El método Pilates se centra en los movimientos de la columna, y resulta útil conocer los músculos involucrados en los diversos movimientos, así como sus funciones.

1 Bíceps: el músculo principal de la parte anterior y superior del brazo. Dobla el codo y ayuda a doblar y estabilizar la articulación humeral.

2 Tríceps: el único músculo de la parte posterior y superior del brazo. Permite la extensión del codo.

3 Deltoides: rodea el hombro y la parte superior del brazo. Se usa para mover el brazo hacia delante y hacia atrás.

4 Serrato anterior: une las costillas superiores con la escápula. Atrae hacia delante el hombro y hace rotar la escápula.

5 Trapecio: discurre por la parte posterior del cuello y por los hombros. Se usa para mover la cabeza.

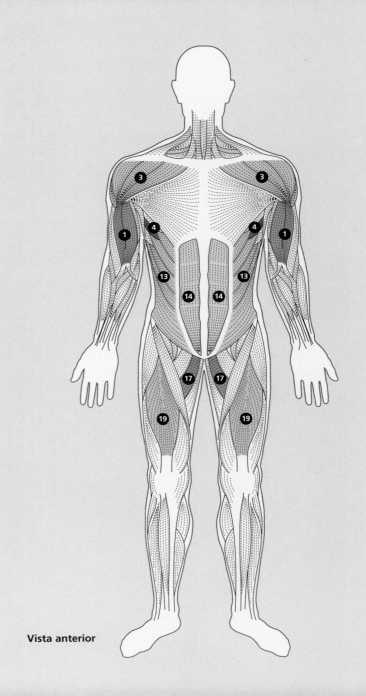

Vista anterior

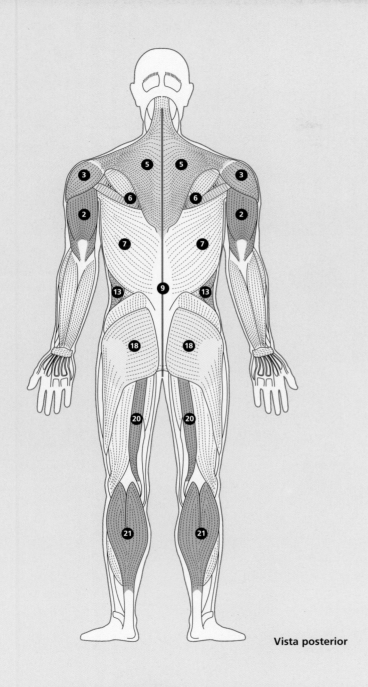

Vista posterior

6 Romboide: discurre entre el omóplato y las vértebras torácicas. La mayor parte pasa por debajo del trapecio. Refuerza el hombro y rota la escápula.

7 Dorsal ancho: músculo que va desde la parte inferior del pecho hasta la región lumbar. Desplaza hacia atrás el brazo, hace descender y retroceder el hombro y tira del cuerpo hacia arriba.

8 Erector de la columna (no se muestra): se encuentra en la parte trasera del cuello, el pecho y el abdomen. Este importante músculo estira la espalda y mantiene el cuerpo erguido.

9 Multífido lumbar: conecta las vértebras lumbares y sacras en una disposición especializada de uniones entre vértebras. La contracción de ambos lados a la vez estira el torso y cuello, y si es sólo unilateral, flexiona el torso y cuello hacia ese lado y los hace rotar.

10 Cuadrado lumbar (no se muestra): músculo interno profundo de la cintura. Ayuda a extender la columna frente a una resistencia, pero sus funciones básicas son flexionar el torso hacia los lados y estabilizar las costillas «flotantes» mientras inspiramos y espiramos.

11 Transverso abdominal (no se muestra): músculo interno profundo que atraviesa el abdomen. Aplica presión sobre éste y mantiene los órganos en su lugar. Se encuentra bajo el músculo oblicuo interno.

12 Oblicuo interno (no se muestra): cruza el abdomen horizontalmente. Comprime el abdomen y mueve el torso. Se halla bajo el músculo oblicuo externo.

13 Oblicuo externo: músculo abdominal lateral. Comprime el abdomen y se usa al desplazar el torso en cualquier dirección.

14 Recto abdominal: este músculo discurre en vertical por toda la parte delantera del abdomen. Sujeta los órganos abdominales y levanta hacia delante la parte frontal de la pelvis.

15 Coccígeo y elevador del ano (no se muestran): músculos que componen la base de la pelvis.

16 Psoas (no se muestra): conocido también como flexor de cadera. Es un músculo profundo que va desde la parte delantera del fémur (hueso del muslo) hasta la región lumbar de la columna. Hace que el muslo se desplace hacia delante con respecto a la cadera.

17 Aductor: músculo interno del muslo que desplaza la pierna hacia el eje central del cuerpo.

18 Glúteo mayor: forma las nalgas. Es importante para mantener la postura erguida del torso sobre las piernas, estar de pie, caminar, correr y saltar.

19 Cuádriceps: discurre por la zona central anterior del muslo. Tiene la función opuesta al semitendinoso.

20 Semitendinoso: conocido también como femoral. Atraviesa la parte posterior central del muslo, y se usa para extender el muslo y flexionar la rodilla.

21 Gemelo: forma la mayor parte de la pantorrilla. Este músculo discurre por la parte posterior de la zona inferior de la pierna y proporciona fuerza al caminar y correr.

Cómo cuidar tu columna

Los movimientos inadecuados pueden producir lesiones espinales y, combinados con una falta de conocimiento sobre la estructura y funciones del cuerpo, pueden tener un efecto perjudicial acumulativo. Los huesos y articulaciones empiezan a deteriorarse, y los músculos se debilitan y pierden flexibilidad. La mayoría de estos problemas son debidos a que los huesos y músculos que afectan a las articulaciones espinosas y a sus movimientos no están bien alineados.

Muchas lesiones espinales son el resultado de una lesión en los músculos transverso abdominal y multífido lumbar, que desempeñan un papel esencial para mantener la estabilidad espinal y la alineación correcta. Las lesiones en las piernas y la pérdida de flexibilidad de tendones de la corva y glúteos pueden provocar también problemas de columna. Los cambios posturales derivados de una lesión pueden provocar efectos secundarios en otras regiones de la columna, incluyendo la torácica, a la que se unen las costillas, y la región cervical o cuello.

Tanto si el cuerpo está quieto como si se mueve, la alineación de la columna (óptima o no) es constante. Por ejemplo, alguien con una columna curva mantendrá esta curva tanto si camina como si está

Pilates y tu cuerpo

tumbado. A la inversa, quien mantenga una buena postura, se mueva con eficiencia y una buena calidad dinámica, sin provocar tensiones inadecuadas o un excesivo esfuerzo muscular, se erguirá o se sentará con una alineación óptima. Cuando el cuerpo y la mente son conscientes de una ineficacia, la compensan de formas muy sofisticadas; por ejemplo, sacando el pecho hacia delante para equilibrar la curvatura de la columna superior. Lamentablemente, este esfuerzo provocará que se cree otro modelo de movimiento menos deseable en otra parte del cuerpo, que puede generar una lesión ulterior.

Un método que se centre en un músculo, articulación o estructura corporal de forma aislada, sin referencia al cuerpo como un todo, no logrará resolver el problema. Sin embargo, el sistema Pilates, unido a un tratamiento, es muy efectivo a la hora de aliviar y prevenir una amplia gama de disfunciones espinales y locomotoras. Es eficaz porque considera que tanto los cambios posturales como los modelos inadecuados de movimiento son causa de dolores y lesiones. Pilates admite la relación entre la mente, el sistema nervioso y el aparato locomotor dentro del funcionamiento humano. En esencia, puedes alterar para siempre el cuerpo mediante el acceso al sistema nervioso central (el cerebro y la médula espinal). El cerebro reprograma el movimiento y la función para librar al cuerpo del dolor y los síntomas asociados a éste. El tratamiento, por sí solo, aliviará los síntomas, pero a menos que el cuerpo, dirigido por la mente, logre producir un cambio permanente en sus funciones, los síntomas reaparecerán. Conseguir este cambio requiere que seamos muy conscientes de nuestro cuerpo y nos conozcamos a fondo.

Los ejercicios terapéuticos y la gestión del dolor

Mediante un análisis profundo del movimiento y el modo en que funciona el cuerpo, es posible corregir un funcionamiento inadecuado y una mala alineación corporal, fomentando movimientos eficaces y conscientes. La tarea puede ser más fácil si se cuenta con la ayuda de un experto del sistema Pilates con experiencia en el análisis del movimiento y reeducación neuromuscular.

Pero antes de que el experto pueda elaborar un programa individual de ejercicios terapéuticos para lograr la recuperación, corregir la disfunción o contribuir a evitar el dolor, es esencial que comprenda el sistema neuromuscular del individuo y sus modelos de movimiento. Pero no es sólo el experto quien debe poseer habilidades desarrolladas y experiencia en el análisis del movimiento; también el interesado debe involucrarse activamente: la práctica constante y la asimilación de nuevos modelos dinámicos y actividades funcionales son requisitos básicos para producir cambios en el cuerpo.

La estabilidad espinal

Existe una relación directa entre la estabilidad espinal y el dolor de la columna. Hay tres cosas que inciden directamente en la estabilidad espinal: los ligamentos espinales y la estructura locomotora, el sistema muscular y el control que de éste haga el sistema nervioso central. Las lesiones en el sistema muscular o el mal uso del modo en que el sistema nervioso activa los músculos, unidos a las deficiencias en las estructuras y ligamentos locomotores, pueden causar inestabilidad y dolor en la columna.

Los músculos, los ligamentos y huesos y el sistema nervioso están interrelacionados, y cada uno es capaz de compensar las deficiencias de los otros. Pero si existe un problema en alguno de los tres sistemas y los demás no logran compensarlo, esto producirá una lesión en la columna. La estabilidad espinal también depende de su capacidad para soportar presiones externas e internas, y de la compresión articular.

La región lumbar es capaz de una amplísima gama de movimientos, lo cual dificulta mantener el control sobre el movimiento óptimo en todo momento. Cada una de las vértebras lumbares tiene que mantener una posición correcta respecto a las situadas encima y debajo de ella, y el sistema neuromuscular tiene que estar muy desarrollado.

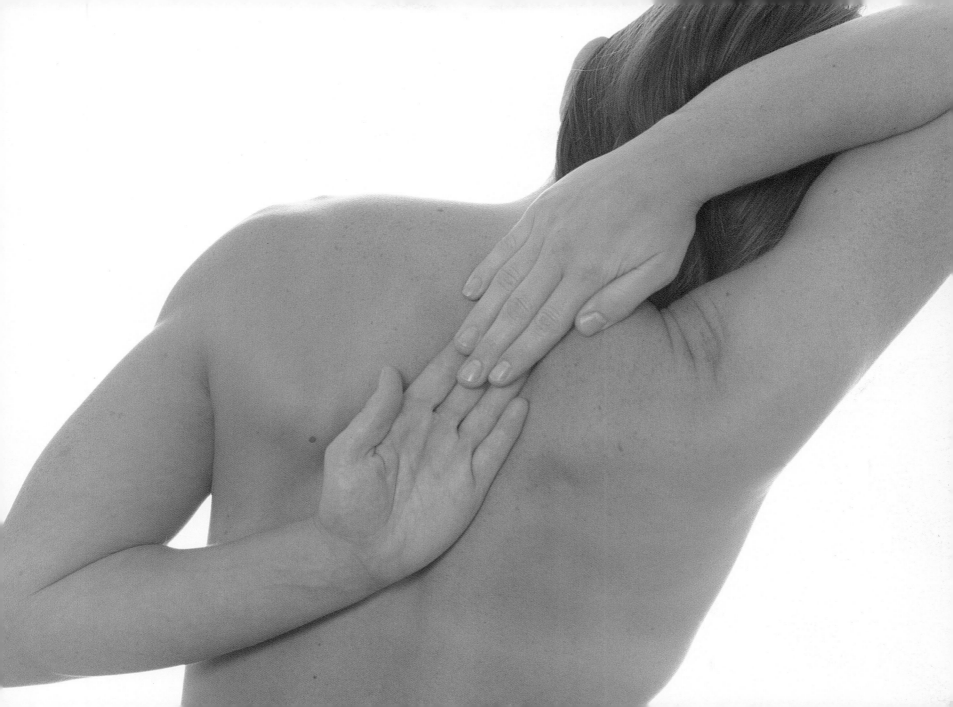

El papel de los músculos

La estabilidad espinal depende mucho del sistema muscular, que compensa la inestabilidad mediante el aumento de la resistencia de la columna lumbar. El cansancio, la degeneración y las lesiones pueden interrumpir la función muscular normal, lo cual puede inducir la inestabilidad espinal. Tanto el torso como los músculos pélvicos desempeñan un papel para estabilizar las articulaciones espinales.

Los músculos profundos, que incluyen el transverso abdominal y el multífido lumbar, controlan la relación entre cada vértebra lumbar y la postura de la columna lumbar. Ofrecen estabilidad espinal en todas las actividades, ya sean de baja presión, como sentarse, o muy especializadas, como correr, y son esenciales para evitar el dolor espinal. Si sobrecargas regularmente y durante mucho tiempo la columna y sus estructuras asociadas, sin la participación de los músculos profundos, la columna se desestabilizará y te dolerá.

Los grandes músculos del tronco, que incluyen el dorsal ancho, el serrato anterior y el trapecio, participan en el movimiento espinal, dado que transfieren la carga entre el tórax y la pelvis. Estos músculos controlan las variaciones en las cargas externas durante los movimientos funcionales, de modo que se reduzca la carga resultante sobre la columna.

Cómo reducir las presiones sobre la columna

Los músculos profundos deben estabilizar los segmentos individuales de la columna, tanto en las posturas prolongadas, como por ejemplo estar de pie o sentado en la misma posición durante mucho tiempo, como durante el movimiento dinámico. Para maximizar su papel estabilizador, deben reducirse las fuerzas aplicadas sobre la columna lumbar. Esto conlleva crear un entorno laboral seguro, prestando atención a la postura; adoptar técnicas de levantamiento de peso seguras, y reducir las presiones sobre las articulaciones, que pueden perjudicar la columna.

El control neuromuscular tiene un papel esencial para coordinar la actividad de los músculos profundos, y puede que sea el elemento más importante para mantener la estabilidad espinal y evitar el dolor en la columna. También es crucial para fortalecer y mejorar la capacidad de resistencia de los músculos más grandes del tronco durante las actividades de carga, como levantar grandes pesos, dado que esto reducirá las fuerzas transferidas a la columna y las exigencias del sistema muscular profundo.

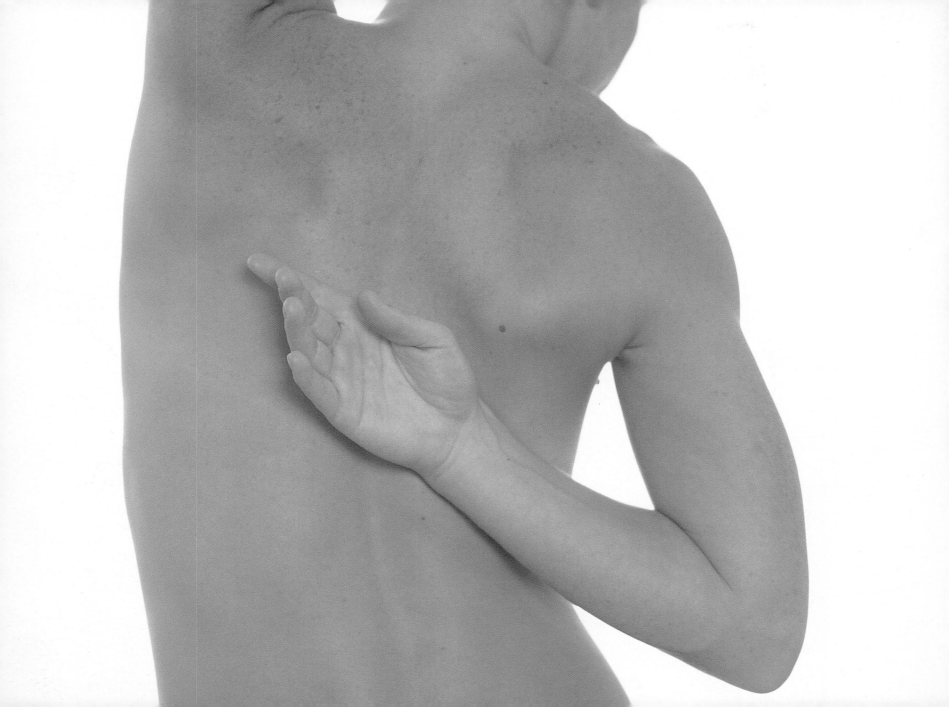

El programa Pilates
para la columna

Preparación

Lo mejor al empezar un nuevo sistema de ejercicios o estiramientos es tomarse las cosas con calma, lo cual permitirá que el cuerpo se adapte gradualmente y de tal modo que los beneficios sean inmediatamente apreciables. Desarrollar las habilidades de escuchar a tu cuerpo, ser consciente de cómo se mueve y admitir sus puntos fuertes y débiles te ayudará a comprender tu propia fisiología, sin correr el riesgo de lesionar o usar mal tu cuerpo.

Al principio descubrirás que no puedes realizar plenamente los ejercicios o estiramientos; puede que esto se deba a que no tienes la flexibilidad necesaria para conseguir la alineación espinal, o la potencia para mantener determinadas posturas. Sin embargo, con tiempo y dedicación, los cambios graduales en tu cuerpo te permitirán ir progresando.

Crear un cuerpo que manifieste calidad y eficacia de movimientos exige un equilibrio complejo entre fuerza y flexibilidad. Para conseguirlo, primero necesitas comprender bien los principios básicos, que constituyen los fundamentos de ejercicios más dinámicos y difíciles. Una vez estés familiarizado con lo fundamental, el programa Pilates te permitirá tener control sobre el uso de tu cuerpo, minimizando así el riesgo de padecer lesiones.

La práctica del programa

Empezar es la parte más difícil de cualquier programa de ejercicios. Luego hay que hacerlo regularmente, de modo que no se pierdan los beneficios obtenidos debido a una interrupción de la rutina. La investigación médica ha demostrado que tanto la fuerza como la flexibilidad muscular declinan al cabo de poco tiempo cuando se dejan de hacer ejercicios y estiramientos, independientemente de la forma física de cada uno.

Dedica unos momentos cada día a la práctica del programa; es una buena idea hacerlo por la mañana, antes de dedicarte a tus compromisos. El programa Pilates para la columna está diseñado para que puedas hacerlo donde quiera que estés, en casa, como parte de tu rutina gimnástica o bien de viaje. También puedes adaptar el programa para áreas específicas, como la columna inferior o el torso, o realizar un programa ampliado para todo el cuerpo, dependiendo de tus metas y del tiempo de que dispongas.

Escucha a tu cuerpo

La práctica cotidiana de las diversas partes del programa te ayudará a alcanzar el equilibrio entre fuerza y flexibilidad. A medida que practiques ejercicios y estiramientos, se irán clarificando la consciencia que tienes de tu cuerpo, tu estilo de movimientos, tus limitaciones y tus cualidades, haciendo de ti un maestro experimentado: sabrás lo que más te conviene en determinado momento. Tendrás un cuerpo inteligente, con capacidad de respuesta e intuitivo.

El cuerpo no miente. Si algo no le resulta cómodo, si siente dolor o un esfuerzo excesivo, es que no es el momento adecuado para un ejercicio o estiramiento concretos. Forzar el cuerpo sólo provoca lesiones o un uso excesivo de una parte del mismo. Escucha a tu cuerpo; tiene una memoria excepcional de todas sus experiencias, incluyendo las físicas, intelectuales, emocionales y dinámicas. Permite que tu mente y tu cuerpo se conecten durante el ejercicio, y desarrollarás una integración de ambos en todas las áreas de tu vida.

Cómo utilizar este libro

El programa está estructurado de modo que puedas desarrollar potencia o crear flexibilidad, según tus necesidades. También puedes desarrollar estabilidad y agilidad de la región lumbar y pélvica o del torso superior, siguiendo los programas especializados al final del libro. Elijas el ejercicio que elijas, lo primero es desarrollar un conocimiento de los fundamentos del programa. También es importante mantener siempre su coherencia e ir progresando en línea con las respuestas de tu cuerpo, dado que esto evitará lesiones. Intenta practicar diariamente partes del programa, y hacerlo entero siempre que el tiempo te lo permita.

El programa tiene más de 50 ejercicios y estiramientos, agrupados en tres categorías (ejercicios básicos, desarrollar potencia y aumentar flexibilidad), centradas en fomentar la flexibilidad, potencia y conocimiento de tu cuerpo, tanto en posturas mantenidas como en funciones dinámicas, permitiendo que te muevas con eficiencia, gracia y buena calidad de movimiento.

Ejercicios básicos

Estos ejercicios son el fundamento de todo entrenamiento. Te enseñan:

- cómo alinear la columna y las estructuras esqueléticas
- cómo liberar el trabajo y la tensión musculares
- el uso de la respiración en el trabajo muscular y el desarrollo de un ritmo
- cómo desarrollar modelos de trabajo muscular
- y, lo más importante, la integración de mente y cuerpo en el movimiento.

Es esencial aprender los ejercicios básicos antes de pasar a los avanzados, y releerlos periódicamente, incluso después de alcanzar un alto grado de habilidad.

Desarrollar potencia

Los ejercicios de esta sección contribuyen al desarrollo y resistencia del transverso abdominal y el multífido lumbar, que estabilizan la pelvis y la cintura pélvica durante la postura estática y en movimiento. Los ejercicios fortalecen los músculos abdominales y espinales, creando un poderoso centro y fundamento sobre el que se cimienta todo movimiento. Al centrarte en desarrollar una estabilidad básica, serás capaz de acondicionar todo el cuerpo con eficacia, reduciendo la probabilidad de que degenere el sistema locomotor.

Aumentar flexibilidad

El estiramiento y extensión de la columna y las extremidades contribuye a desarrollar la conciencia del cuerpo, mejora la alineación de éste y, unidos al fortalecimiento, pueden corregir los desequilibrios musculares que puedan haberse desarrollado debido a un uso inadecuado. El estiramiento también mejora la gama de movimientos propios de una articulación, y contribuye a evitar la sobrecarga muscular. La flexibilidad depende de la relación entre sus huesos, los tejidos conectores y los músculos que los rodean. Depende de muchos factores, tales como la postura, el peso, la edad, el desgaste, el movimiento repetitivo, el estilo de vida y las lesiones previas, y varía mucho de un individuo a otro. La flexibilidad de diversas articulaciones dentro de una misma persona puede variar mucho.

Programas especializados

Programa pelvicolumbar

Este programa desarrolla técnicas provenientes de una amplia gama de disciplinas, para fortalecer, estabilizar y mejorar el movimiento funcional de la columna lumbar y la región pélvica. Su meta es prevenir las lesiones debidas a una sobrecarga reiterada de la columna inferior, y contribuir a la recuperación si ya existe una lesión.

Programa para la cintura escapular y torso

Este programa incluye diversas técnicas para liberar, equilibrar y proteger el cuello del uso excesivo o el mal uso cuando se trabaja con la parte superior del cuerpo, y también para fortalecer el hombro y mejorar su funcionamiento coordinado.

Cuando hagas los ejercicios, recuerda siempre que:

- Puede que, debido a su elasticidad, las cápsulas articulatorias y los ligamentos no vuelvan a su longitud óptima si se estiran demasiado; por tanto, durante el ejercicio aumenta el riesgo de padecer una lesión.

- Lo ideal es que el alargamiento de un músculo se haga gradualmente, y conlleve una postura mantenida. Los movimientos rápidos pueden provocar un acortamiento del músculo, debido a sus respuestas reflejas.

- Para liberar un músculo, la articulación implicada no debe llevarse hasta el final de su recorrido posible, y debe gozar de un pleno respaldo.

Cómo empezar

Crear un entorno cómodo

Necesitarás un espacio en el que puedas tumbarte y moverte sin restricciones. Tumbarse sobre una estera o una toalla contribuirá a sujetar el cuerpo. Puede que desees apoyar el cuello en una almohada, sobre todo si padeces una lesión cervical. El lugar que elijas debe estar aislado de posibles distracciones, como el teléfono o la televisión. La temperatura del cuarto también es importante: cuando hagas ejercicios, es mejor que tengas calor que no que pases frío.

La ropa

Lo mejor es usar unas prendas cómodas que no obstaculicen los movimientos. Es preferible trabajar descalzo, dado que esto potencia la información sensorial durante las posturas de carga.

La música

Algunas personas prefieren entrenarse con música. La música puede contribuir a crear un fuerte sentido rítmico y un ambiente, que puede ayudarte a centrar la mente y el cuerpo o a integrar cuerpo y música para lograr un trabajo más dinámico. Sin embargo, hay que ser consciente de su influencia, ya que puede marcar una gran diferencia en tu concentración y en el resultado de tu entrenamiento.

La respiración

El modelo respiratorio empleado en Pilates se conoce como respiración torácica, y se diferencia de las usadas en otras disciplinas. La meta es mantener ocupados tus músculos abdominales y espinales, y los hombros relajados, mientras se expande tu caja torácica al inspirar. Cuando espiras, la parrilla costal se contrae hacia la cintura, involucrando de nuevo los músculos espinales y los de la base pelviana. La respiración te permite también imprimir un ritmo al ejercicio. No tienes que practicar constantemente este tipo de respiración, excluyendo cualquier otro, pero éste forma parte integral de los ejercicios de Pilates. Si tienes algún problema respiratorio, como asma, es mejor respirar con naturalidad que imponerse un modelo respiratorio estructurado.

La ingesta de agua

Es importante ingerir mucha agua antes y después del ejercicio, sobre todo en climas cálidos. El agua sin gas es preferible a las bebidas carbonatadas.

La nutrición

La nutrición afecta a tu rendimiento, tanto físico como mental. Va destinada, ni más ni menos, a proveer a tu cuerpo de lo que necesita. Deberías evitar los alimentos grasos, el azúcar y los estimulantes como la cafeína, reduciendo al máximo tu ingesta diaria de productos lácteos y refinados. Una dieta sana es la que contiene dosis equilibradas de proteínas, carbohidratos, fruta, vegetales y granos. Toma pequeñas cantidades y a menudo, e ingiere alimentos orgánicos (si es posible), crudos y no procesados. El programa no tiene como meta la pérdida de peso, aunque ésta pueda ser una consecuencia bien recibida.

La creación de una rutina

Estructura el programa de manera que encaje con tus otras actividades, por ejemplo a primera hora de la mañana o después del trabajo. Si rompes tu rutina, intenta volver a recuperarla lo antes posible.

Si estás sentado durante períodos prolongados, intenta levantarte y pasear un poco cada media hora, o haz algunos estiramientos suaves de las zonas proclives al anquilosamiento o al dolor, por ejemplo la columna lumbar o los hombros.

Aprende cómo funciona tu cuerpo durante el ejercicio, céntrate en músculos concretos, y luego empieza a aplicar ese conocimiento en las actividades cotidianas. Por ejemplo, puedes corregir tu postura durante el trabajo y estirar tu columna mientras caminas.

El dolor

El dolor, y el modo en que lo percibimos, está mucho más influido por la atención, la sugestión, la experiencia previa, el procesamiento cognitivo y la anticipación que cualquier otra sensación. Sin embargo, el dolor durante el ejercicio es una posible indicación de que el cuerpo corre el riesgo de lesionarse. Podrás aliviar los síntomas si reduces la gama de ejercicios; pero si el dolor es persistente, deberías comentarlo con tu médico.

Disfunciones ya existentes

Es buena idea consultar a tu médico antes de comenzar un programa de ejercicios nuevo. Debes hacerlo siempre que estés recibiendo tratamiento por una disfunción médica, durante el embarazo o si tomas algún tipo de medicación. Las contraindicaciones para el ejercicio pueden incluir una lesión en una articulación, músculo, hueso o en la espalda; una elevada tensión arterial; anemia u otros problemas de la sangre; enfermedades tiroideas; diabetes; arritmia cardiaca o palpitaciones, y epilepsia.

La edad y la forma física

Tu edad y tu forma física no importan para el programa Pilates, dado que siempre hay maneras de modificar tu entrenamiento para que se adapte a tu físico. Sé responsable cuando te entrenes, y no te fuerces a superar tus límites; tú conoces tu cuerpo mejor que nadie y, con la práctica, podrás refinar tu conocimiento de tus puntos fuertes y tus limitaciones, y progresar correctamente. Sin embargo, si sientes algún tipo de incomodidad o tienes dificultades con un movimiento o ejercicio concreto, es buena idea consultar con tu médico.

Los siguientes síntomas e indicios manifiestan que deberías dejar de entrenarte y buscar el consejo de un médico:

- dolor
- debilidad
- hemorragias
- pulso rápido en reposo
- mareos

- dolor de espalda
- respiración entrecortada
- palpitaciones
- dificultades para caminar

Ejercicios
básicos

Ejercicios básicos

Estos ejercicios te ayudarán a comprender los principios de la estabilidad y el movimiento funcional eficiente, y su integración en los ejercicios y las actividades cotidianas. Si los practicas de vez en cuando, irás captando la esencia real del programa Pilates para la columna. Lee cada uno de los ejercicios básicos aquí detallados, visualizando los movimientos, y luego realiza el ejercicio práctico descrito en el segundo párrafo de cada sección.

La alineación

Alinear el cuerpo te ayudará a darte cuenta de dónde es posible que tus músculos alberguen tensión. También te dirá si favoreces a un lado de tu cuerpo, y cuál es la configuración de tu columna. Te enseñará a ser consciente de tu cuerpo, de modo que poseas un conocimiento interno de tu fuerza, tu sentido del equilibrio y la relación de tus músculos con las articulaciones que éstos mueven.

Túmbate boca arriba en el suelo con los brazos a los lados, las manos descansando en el suelo con las palmas hacia arriba, las piernas alineadas con la cadera y paralelas, el cuello estirado manteniendo su curvatura natural, la cabeza centrada con respecto al torso, y el peso repartido por igual en ambos lados del cuerpo. Siente el espacio bajo tu columna lumbar y la altura de la pelvis izquierda y derecha. Permite que los hombros descansen en el suelo, de modo que los omóplatos contacten con él, y luego relaja el pecho y la mandíbula.

La pelvis neutral

La pelvis neutral es una alineación de la pelvis que permite a la columna permanecer en su posición óptima para funcionar, que es ni flexionada (presionada sobre el suelo) ni extendida (arqueada sobre el suelo). Esta posición reduce el volumen de carga sobre la columna, y permite a los abdominales y músculos espinales trabajar con eficacia para soportar la columna, así como equilibrar las articulaciones y músculos adyacentes. Deberías intentar conseguir esta posición en todos los ejercicios. Cuando dejes de flexionar, procura volver a la posición neutral.

Concéntrate en el espacio tras tu columna, e imagina que puedes meter la mano entre ella y el suelo. Desliza la mano por debajo de la columna, con la palma hacia abajo. Deberías sentir que los huesos pélvicos frontales están horizontales con respecto al suelo, y situados a la misma distancia de él a ambos costados. Saca la mano de esa posición, manteniendo la ligera curvatura de la columna lumbar, y empieza a enviar la respiración a esa zona para relajar los músculos en torno a la zona lumbar.

La contracción de los músculos transversoespinosos

Los transversoespinosos contribuyen a la estabilidad de la columna y al control de los segmentos de la columna lumbar. Los estudios han demostrado que el sistema nervioso central controla estos músculos. La integración del funcionamiento de estos músculos ofrece el fundamento para generar un movimiento eficaz y reducir la incidencia de lesiones.

Contrae los abdominales en la zona por debajo del ombligo hasta el pubis, hundiendo el músculo hacia la columna de modo que la zona bajo el ombligo se aplane y ensanche. Siente cómo los músculos transversoespinosos trabajan en conjunto. Mantén esta contracción junto con

la alineación neutral de la pelvis, y comienza a añadirle el modelo respiratorio.

La estabilización escapular

Estabilizar la escápula en su posición más funcional sobre la parrilla costal contribuye a mantener la alineación correcta de los hombros y la columna cervical. También desarrolla la participación de los músculos del hombro para reducir el esfuerzo de los músculos más pequeños (como el trapecio) cuando se trabaja la parte superior del cuerpo. La estabilización escapular desempeña un papel esencial en la postura, y ayuda a evitar la fatiga muscular durante actividades como trabajar ante el ordenador, donde los movimientos repetitivos provocan el uso excesivo de los músculos, y pueden causar problemas como la disfunción de la sobrecarga repetitiva. Unida a la estabilización de la pelvis, la del hombro fortalece todo el torso para enfrentarse a trabajos duros, y evita las lesiones al equilibrar torso superior e inferior.

Túmbate boca arriba, con la columna extendida y los hombros relajados, el cuello distendido y el pecho bien abierto. Eleva tus brazos hacia el techo y extiéndelos en esa dirección, de modo que los omóplatos giren en torno a la caja torácica; luego deja que los omóplatos vuelvan a tocar el suelo, contrayendo el dorsal ancho. Repite el movimiento mientras contraes los abdominales, procurando mantener una pelvis neutral y las costillas relajadas. Inspira mientras sube y espira mientras descansas los omóplatos en el suelo.

Ejercicios básicos

43

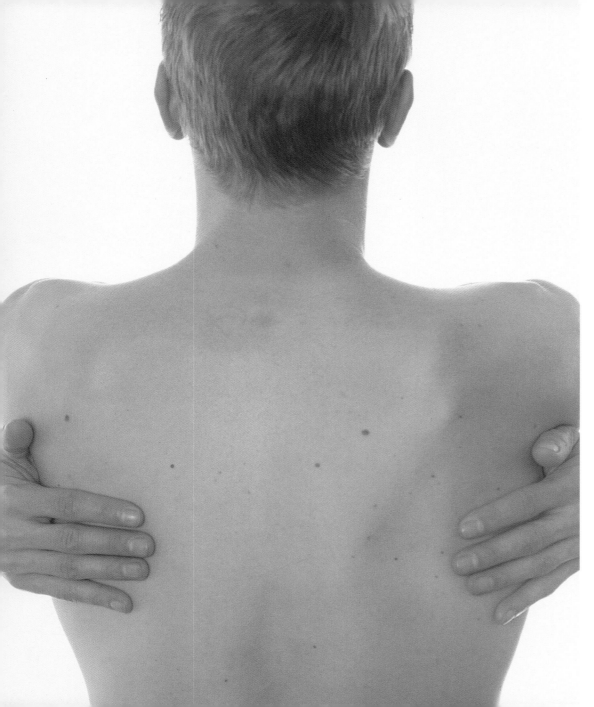

Las costillas y la respiración

Las costillas juegan un papel esencial en tu capacidad de emplear con precisión los abdominales, debido a su relación con el músculo transverso, que va unido a las costillas inferiores. Las costillas también afectan a la alineación de las vértebras, debido a su conexión con la columna torácica. Hace falta tiempo para liberar la postura de las costillas, porque a menudo tendrás que cambiar un modelo respiratorio que llevas años practicando, y también porque la respiración es sobre todo un proceso automático e inconsciente.

Coloca las manos sobre las costillas inferiores, por debajo del pecho, y date cuenta de su posición y altura. Empieza a respirar por la nariz y exhala el aire por la boca, ligeramente abierta. Sigue percibiendo las costillas y su actividad durante la respiración. Ahora mueve las manos hacia los laterales de las costillas y, mientras inspiras, siente cómo el aire se expande por ellos; luego espira, permitiendo que la parte frontal de las costillas descienda hasta el hueso ilíaco. Practica esta técnica y, cuando empieces a sentir el ritmo de respiración lateral y el descenso de las costillas al espirar, intenta enviar el aire a la parte de atrás de las costillas, de modo que las sientas presionar el suelo.

Puedes practicar esto intermitentemente, durante el día, sentado o de pie, pero no pretendas respirar así de una forma constante.

Distendiendo el cuello

La tensión en los músculos del cuello y los de la mandíbula, asociados a ellos, puede provocar el uso excesivo o el mal uso de la columna cervical y de sus

músculos. Esto puede crear un problema a medida que los ejercicios se vuelven más exigentes, y conllevan trabajar con la cabeza en alto. Extender el cuello y ser conscientes de su alineación con las otras vértebras te ayudará a evitar la hiperactividad de los pequeños músculos del cuello y la parte superior del hombro. A medida que uno desarrolla fuerza y control en la zona torácica, es normal que compense mediante la tensión de los hombros, el cuello y la mandíbula. A medida que vaya aumentando tu fuerza y consciencia, más fácil te resultará proteger el cuello. Progresa lentamente si sientes algún dolor o rigidez tras hacer los ejercicios.

Permite que tu cabeza se vaya deslizando por el suelo, extendiendo la parte frontal del cuello. Gradualmente, flexiona el cuello de modo que la barbilla se dirija al pecho y la parte posterior del cuello se estire y distienda.

Trabajo progresivo

Girar ligeramente hacia fuera las piernas, partiendo de la cadera, te permite relajar el cuádriceps, situado en la parte frontal del muslo. Esta posición fortalece el muslo superior, incluyendo los gemelos, los glúteos y los tendones de la corva, así como los rotadores de la cadera. Es una postura alternativa a la de trabajar con las caderas en paralelo para aislar músculos específicos. Si sólo trabajas en una posición, el cuerpo empieza a forjar modelos habituales de movimiento, de modo que es preferible ir variando las posturas.

Rota los muslos hacia fuera, alejándolos uno del otro, con los pies formando una pequeña «V», donde los talones se tocan y las rodillas están sueltas; estira bien las piernas. Deberías tener la sensación de estar trabajando todo el torso.

La base pelviana

La base pelviana está compuesta por unos músculos internos llamados coccígeo y elevador del ano, que están sujetos al hueso coxal, el sacro y el cóccix, en lo profundo de la cavidad pélvica. Debes ejercitar la base pélvica regularmente para mantener el tono normal de los músculos. Los ejercicios pertinentes se pueden hacer casi en todas las posturas, incluyendo sentado, de pie o tumbado. Tensa el anillo muscular en torno al ano y, en el caso de las mujeres, el situado en torno a la entrada vaginal. Ténsalo como si quisieras detener el flujo de orina, mantén la tensión cinco segundos y relaja.

Cuando ejercites la base pelviana, evita contener la respiración; en lugar de ello, inspira lenta y profundamente mientras contraes la zona, espira y entonces relaja los músculos. No contraigas en exceso los abdominales y glúteos durante más de cinco segundos, dado que son fibras que funcionan perfectamente durante períodos breves. Evita también apretar las piernas una contra otra y tensar la cara interna del muslo, dado que éstas no se hallan directamente unidas a la base pelviana.

Ejercicios básicos

Estos ejercicios básicos son el fundamento para el programa Pilates, y están diseñados para enseñarte a alinear correctamente la columna, liberar tensión, desarrollar modelos de trabajo muscular, respirar adecuadamente y combinar cuerpo y mente en tus movimientos. Vuelve a hacer estos ejercicios de vez en cuando, incluso cuando ya estés haciendo otros ejercicios más avanzados del programa.

Paso 1
Túmbate boca arriba, con las piernas extendidas y
en línea con las caderas. Contrae los abdominales
y mantén la pelvis en posición neutral, con los
omóplatos bien pegados al suelo y el pecho abierto.
Levanta los brazos hacia el techo.

Paso 2
Inspira aire, extiende los brazos hacia el techo y
luego por encima de la cabeza, manteniendo hacia
abajo las costillas anteriores y liberando la columna.
Espira mientras devuelves los brazos a su posición
originaria, contrayendo siempre los abdominales y
apretando los omóplatos contra el suelo.

Extensión de brazos

Desarrolla la estabilidad de la cintura escapular, libera las articulaciones del hombro y da la sensación de abrir el pecho

Ejercicios básicos

47

Paso 1

Túmbate boca arriba, con las palmas de las manos sobre las caderas. Baja los omóplatos hacia las costillas. **Inspira** para elevar los brazos dibujando un círculo, con las costillas liberadas y la columna estirada.

1

Paso 2

Lleva los brazos por encima de la cabeza, manteniendo la forma circular.

2

Paso 3

Descansa los brazos en el suelo, tras la cabeza. **Espira** mientras colocas los brazos en la posición inicial, manteniendo la forma circular.

3

Brazos flotantes Abre el pecho y estabiliza la cintura escapular

Paso 1
Túmbate boca arriba, con las piernas flexionadas y paralelas.
Inspira, baja los omóplatos hacia las costillas, estira la columna, contrae los abdominales.

Paso 2
Espira mientras levantas la pelvis al nivel de la cintura, contrayendo abdominales, base pelviana y tendones de la corva, con la presión recayendo sobre la planta de los pies.

Paso 3
Vuelve a la posición inicial mientras **inspiras**.

Variación
Incorpórate con los brazos extendidos en el suelo tras la cabeza. También puedes incorporar la columna vértebra a vértebra, y recostarte de la misma manera, para facilitar la movilidad de los segmentos espinosos.

Inclinación pélvica Mejora la movilidad de la columna y la estabilidad espinal

Ejercicios básicos

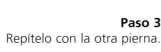

Paso 1

Túmbate boca arriba, con las piernas flexionadas
y en línea con las caderas.
Contrae los abdominales y mantén la pelvis en posición
neutral, con los omóplatos presionando el suelo y el
pecho abierto.

Paso 2

Inspira, eleva la rodilla derecha hacia el pecho hasta
que esté en línea con la articulación coxal,
manteniendo la pelvis neutral y la columna relajada.
Espira mientras colocas la pierna en su posición
originaria, contrayendo siempre los abdominales y
presionando los omóplatos contra el suelo.

Paso 3

Repítelo con la otra pierna.

Elevación de rodillas   Desarrolla la postura de pelvis neutral y la estabilidad espinal

Ejercicios básicos

Paso 1
Tumbado boca arriba, con la rodilla izquierda flexionada, el tobillo derecho apoyado sobre ella, la pelvis alineada.
Abre la cadera izquierda mientras estiras la columna.
Coloca las manos bajo la cabeza con los codos en contacto directo con el suelo.

Paso 2
Inspira mientras rotas las piernas hacia la derecha, manteniendo el contacto de los hombros con el suelo, sintiendo la rotación de la cintura y permitiendo que la pelvis rote libremente.

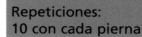

Paso 3
Espira mientras vuelves a la posición inicial, centrándote en colocar bien las piernas, trabajando los oblicuos izquierdos para producir el movimiento.
Tras completar las repeticiones, cambia de pierna.

Giro de columna

Fortalece los oblicuos, disocia el movimiento de las costillas y la pelvis y mejora la movilidad lumbar

Ejercicios básicos

Paso 1
Túmbate boca arriba,
con las rodillas flexionadas.

Paso 2
Coloca las manos sobre las
rodillas, atrae éstas hacia el pecho,
haz bajar los omóplatos hacia
las costillas, estira la columna y
contrae los abdominales.

Paso 3
Empieza a alejar del pecho la
pierna derecha, ofreciendo
resistencia con el brazo derecho
de modo que la pierna apenas se
mueva, contrayendo los tendones
superiores de la corva y los
glúteos mientras empujas;
inspira y **espira** 10 veces
manteniendo la contracción.
Repite con la otra pierna.

Isometría pélvica

Mejora la estabilidad de la región pelvicolumbar y desarrolla la simetría de la pelvis y las articulaciones sacroilíacas

Ejercicios básicos

Paso 1
Túmbate boca arriba, con las piernas en línea con las caderas. Contrae los abdominales y mantén la pelvis en posición neutral, presionando los omóplatos en el suelo, con el pecho abierto.

Paso 2
Estira la parte posterior del cuello, e inclina levemente la barbilla hacia el pecho.
Inspira para mover la cabeza hacia arriba y ligeramente hacia delante, trabajando los abdominales para conseguir la elevación, y libera el esternón.

Paso 3
Espira mientras recuperas la posición inicial, manteniendo el apoyo para la cabeza mediante los abdominales.

Movimiento cervical
Estira el cuello y consigue movilidad en la columna cervical

Ejercicios básicos

Paso 1
Túmbate boca arriba,
con las piernas en línea con las
caderas, las rodillas flexionadas,
los brazos sobre el suelo,
las palmas hacia abajo. **Inspira.**

Paso 2
Estira la parte posterior del cuello,
contrae los abdominales,
coloca las manos tras la cabeza.

Paso 3
Espira y, apoyando la cabeza en
las manos, eleva el torso hasta
que sólo el extremo de los
omóplatos toque el suelo.

Paso 4
Relaja las costillas anteriores
y el esternón estirándolos hacia la pelvis,
extiende las piernas.
Inspira para mantener la posición,
conservando la pelvis neutral y la extensión de
columna y cuello. Vuelve a la posición inicial
mientras **espiras**, contrayendo los abdominales.

Movimiento abdominal Fortalece el transverso profundo y el recto abdominal

Ejercicios básicos

Paso 1

Túmbate boca arriba, con las piernas en línea
con las caderas y la rodilla izquierda flexionada.
Contrae los abdominales y mantén la pelvis neutral,
con los omóplatos presionando el suelo y el pecho
abierto.

Paso 2

Inspira, eleva la pierna derecha hasta
45 grados con respecto a la pelvis,
manteniendo ésta neutral
y descargando la columna.

Paso 3

Espira para devolver la rodilla
derecha a la posición inicial,
contrayendo siempre los abdominales
y presionando los omóplatos en el suelo.
Repite con la otra pierna.

Extensión de pierna

Fomenta la pelvis neutral y la contracción de los músculos transversoespinosos

Ejercicios básicos

55

Paso 1
Túmbate boca arriba, con las piernas flexionadas y paralelas, los brazos a los lados del cuerpo, con las palmas hacia abajo.
Inspira, baja los omóplatos hacia las costillas, estira la columna, contrae los abdominales.

Paso 2
Espira elevando la pelvis a la altura de la columna media, contrayendo abdominales, glúteos y tendones de la corva, con la presión sobre la planta de los pies.

Alternativa
Incorpora la pelvis manteniendo los brazos extendidos en el suelo por encima de la cabeza durante todo el movimiento (ver derecha).
Ve incorporando la columna de vértebra en vértebra, y luego hazla descender de igual modo para facilitar la movilidad de los segmentos espinales (ver extremo derecha).

El puente Mejora la movilidad de la columna lumbar y fortalece los glúteos y los tendones de la corva

Ejercicios básicos

Paso 1

Túmbate sobre el lado derecho, con las rodillas flexionadas y descansando una sobre otra. Contrae los abdominales, mantén la pelvis neutral, con los omóplatos liberados, la cabeza apoyada en el brazo derecho y la palma de la mano izquierda apoyada en el suelo delante del pecho. **Inspira.**

Paso 2

Espira para elevar el muslo de la pierna izquierda, manteniendo los tobillos en contacto y la alineación de la pelvis, contrayendo la cara externa del muslo y los glúteos.

Paso 3

Inspira para regresar a la posición inicial, manteniendo la contracción de las piernas y los glúteos. Repite sobre el otro costado.

La almeja   Desarrolla el control pelvicolumbar y fortalece piernas y glúteos

Paso 1

Túmbate boca abajo, con las palmas descansando cerca de los hombros. **Inspira** mientras bajas los omóplatos hacia las costillas, estirando la espalda y contrayendo los abdominales.

Paso 2

Espira mientras estiras cabeza y pecho hacia arriba, como si extendieras el esternón, permitiendo la liberación de la columna media y el estiramiento del resto. **Inspira.**

Paso 3

Vuelve a la posición inicial mientras **espiras.**

La cobra Mejora la movilidad de la columna torácica media, abre el pecho y estabiliza la cintura escapular

Paso 1
Túmbate boca abajo, con los miembros estirados, los brazos a los lados y las palmas de las manos hacia arriba.

Paso 2
Inspira, eleva los brazos hasta la altura de las caderas, haz descender los omóplatos hacia las costillas, estira la columna, contrae los abdominales.

Paso 3
Espira mientras despegas la cabeza y el pecho del suelo. Estira los brazos hacia los pies manteniendo su altura. **Inspira**. Vuelve a la posición inicial mientras **espiras**.

Extensión espinal

Fortalece los extensores espinales y desarrolla la sensación de estirar la columna cuando se hace el movimiento

Ejercicios básicos

Paso 1

Siéntate con la columna ligeramente flexionada, los brazos extendidos a la altura de los hombros, los hombros sueltos, los abdominales contraídos y las piernas flexionadas a 45 grados. **Inspira.**

Paso 2

Espira, rueda hacia atrás sobre la pelvis y la columna inferior, contrayendo los abdominales y manteniendo sueltos los hombros.
Inspira para mantener la postura y aumentar la contracción abdominal.

Paso 3

Espira para volver a la posición inicial, contrayendo siempre los abdominales y manteniendo la curvatura de la columna.

Preparación para el rodillo

Prepara el cuerpo para el ejercicio del rodillo, fortalece los abdominales y te ayuda a ser consciente de tu columna

Desarrollar potencia

Paso 1
Túmbate boca arriba, piernas estiradas, pelvis neutral. Eleva la pierna derecha hacia el techo por encima de la articulación de la cadera, liberando la parte posterior de la rodilla y manteniendo la pelvis neutral.

Paso 2
Inspira mientras describes un círculo con la pierna.

Paso 3
Describe con la pierna un círculo hacia fuera, completando el círculo mientras **espiras**. Repite el movimiento con la otra pierna.

Círculos con una pierna

Desarrolla la estabilidad de la columna y la pelvis, mejora el movimiento de la cadera y fortalece los músculos de la pierna

Desarrollar potencia
fase inicial

Paso 1

Túmbate boca arriba, con las rodillas flexionadas y en línea con las caderas. Contrae los abdominales, **inspira** para estirar el cuello.

Paso 2

Espira, levanta la cabeza y el pecho, eleva ambas piernas, con la mano derecha sobre la cara externa de la pierna derecha y la izquierda sobre la cara interna de la rodilla derecha.

Paso 3

Inspira mientras subes la pierna derecha hacia el pecho. Extiende la izquierda hasta 45 grados, manteniendo la pelvis neutral. **Espira** mientras cambias de pierna, transfiriendo las manos a la otra pierna.

nota Si has padecido o padeces lesiones cervicales, deja la cabeza apoyada en el suelo.

Estiramientos con una pierna

Desarrolla la potencia de los abdominales profundos y del recto abdominal

Desarrollar potencia
fase inicial

Paso 1
Siéntate con la columna erguida, coloca las piernas a una anchura un poco superior que la de las caderas, con los pies flexionados y los brazos extendidos a la altura de los hombros. **Inspira.**

Paso 2
Espira. Dobla el cuello, y ve flexionando toda la zona espinal desde el cuello al sacro, contrayendo los abdominales y estirando los brazos.

Paso 3
Inspira mientras inviertes el movimiento, extendiendo la columna.
Espira para volver a la posición inicial, extendiendo miembros y columna.

nota

Si tienes problemas para flexionar, puede ser por unos tendones de la corva rígidos o una flexibilidad espinal reducida; mejora el ángulo de la pelvis sentándote sobre una superficie elevada hasta que mejore tu movilidad.

Desarrollar potencia
fase inicial

Estiramiento frontal de la columna

Facilita el movimiento individual de cada segmento espinal mientras se estiran los tendones de la corva

Paso 1

Túmbate sobre el costado derecho, con el brazo derecho descansando en el suelo y la palma de la mano izquierda delante del pecho. Estira la columna y las extremidades inferiores, contrae los abdominales, baja los omóplatos hacia las costillas. **Inspira**.

Paso 2

Extiende la pierna izquierda y elévala hasta que esté en línea con la cadera, contrayendo los cuádriceps y flexionando levemente el pie. **Espira** mientras devuelves la pierna a la posición inicial, manteniendo las costillas y la pelvis en posición neutral.
Repite el ejercicio sobre el otro costado.

Elevación lateral de pierna

Desarrolla la potencia de los oblicuos y la estabilidad pelvicolumbar unilateralmente

Desarrollar potencia
fase inicial

Paso 1

Túmbate boca abajo con el peso del torso apoyado en los brazos, contrae abdominales, estira la columna y eleva el torso hacia arriba. **Inspira.**

Paso 2

Contrae la cara interna del muslo y las nalgas, eleva el pie derecho.

Paso 3

Acerca el talón derecho hacia la nalga derecha mientras **espiras**, y luego desciende la pierna derecha hasta el suelo. **Descansa** en la Posición de liberación de la columna (pág. 102).

Progresión

Realiza el mismo movimiento con un doble rebote, es decir, que el talón se mueva en dos acciones hacia las nalgas antes de regresar a la colchoneta.

Desarrollar potencia
fase inicial

Golpe de talón

Desarrolla la potencia de los tendones de la corva y facilita la extensión espinal y el estiramiento de caderas y torso anterior

Paso 1

Túmbate boca arriba y contrae los abdominales.
Inspira para estirar el cuello.
Espira, sube las rodillas en línea con las articulaciones de la cadera, extiende las piernas hacia arriba, con los pies ligeramente cruzados, manteniendo la pelvis neutral.

Paso 2

Inspira mientras abres las piernas en forma de «V», estirando desde las articulaciones de las caderas, con los abdominales contraídos.
Espira para regresar a la posición inicial, tensando la cara interna de los muslos.

Variación

El movimiento puede hacerse con los pies estirados o alternando entre estirarlos y flexionarlos al abrir las piernas, flexionando el tobillo para regresar a la posición inicial.

La «V» Desarrolla la potencia de los abdominales profundos y el cuádriceps

Desarrollar potencia
fase inicial

Paso 1
Túmbate boca arriba, con la pelvis neutral, los abdominales contraídos, los omóplatos presionando el suelo, la columna estirada, las piernas elevadas en un ángulo de 90° y las rodillas directamente en línea con las caderas.

Paso 2
Inspira, eleva los brazos hacia el techo, presionando los omóplatos contra el suelo, contrae los abdominales, tensa las nalgas y los tendones de la corva, contrayendo la base pelviana.

Paso 3
Espira, devolviendo los brazos a la posición inicial, manteniendo la postura neutral de la pelvis.

nota
Si padeces o has padecido lesiones cervicales, como dolores o rigidez en el cuello, deja la cabeza apoyada en el suelo en las Progresiones 1 y 2.

Progresión 1
Repite el ejercicio elevando la cabeza y el pecho hasta los extremos inferiores de los omóplatos, y las piernas estiradas por encima de las articulaciones de la cadera.

El centenar
Fortalece el transverso y facilita la estabilidad pelvicolumbar

Progresión 2
Repite la Progresión 1, pero con las piernas en un ángulo de unos 45° con respecto a las articulaciones coxofemorales.

Desarrollar potencia de fase inicial a fase avanzada

Paso 1
Túmbate con las rodillas justo por encima de las articulaciones coxofemorales, la cabeza elevada, estirando la parte posterior del cuello, los brazos extendidos y las manos situadas bajo las rótulas.

nota
Si padeces o has padecido lesiones cervicales, durante el ejercicio apoya la cabeza en un cojín o en una toalla enrollada.

Paso 2
Inspira para alargar el torso, extiende los brazos por encima de la cabeza, extiende las piernas hasta un ángulo de unos 45°.

Paso 3
Espira, estabiliza la pelvis, contrayendo piernas y nalgas, devuelve las rodillas a la posición inicial y haz que los brazos describan un círculo regresando hacia las rodillas.

Doble extensión de pierna

Fortalece y tonifica todas las capas del músculo abdominal y desarrolla la coordinación

Desarrollar potencia
fase intermedia

69

Paso 1
Siéntate con las piernas extendidas,
la columna estirada, los brazos
flexionados delante, con las palmas
de las manos mirando hacia ti.

Paso 2
Inspira echándote atrás,
manteniendo una larga curvatura en
la espalda, contrae los abdominales,
eleva la coronilla todo lo que puedas.

Paso 3
Manteniendo la posición del torso,
primero vuelve los brazos hacia
dentro, y luego extiéndelos
lateralmente.

El remo

Desarrolla la potencia de los abdominales profundos, facilita la movilidad de la columna y la coordinación de torso y brazos

Paso 4
Espira, estira los brazos por detrás,
con las palmas de las manos hacia arriba,
y estira la columna hacia delante.

Paso 5
A medida que la columna se flexiona sobre
las piernas, mueve los brazos en círculo
como si nadases, hacia los pies. Échate atrás
para recuperar la posición inicial.

Desarrollar potencia
fase intermedia

71

Paso 1
Siéntate con las rodillas flexionadas contra el pecho, las manos sujetando los tobillos, que deben estar juntos; la columna flexionada, los abdominales contraídos. La barbilla debe tocar el pecho, manteniendo el equilibrio sobre el sacro.

Paso 2
Inspira echándote atrás hasta tocar el suelo con el extremo de la escápula, manteniendo la flexión de toda la columna, y las rodillas ligeramente separadas. **Espira** para recuperar la posición de equilibrio inicial, con los abdominales contraídos, manteniendo la posición flexionada del cuerpo.

Desarrollar potencia
fase intermedia

Rodar como una pelota

Facilita la flexión y la estabilización espinales en un movimiento dinámico

Paso 1
Siéntate con las rodillas flexionadas en línea con los hombros, sujetando los tobillos.

Paso 2
Contrae los abdominales, estira hacia arriba las piernas formando una «V».

Paso 3
Inspira, flexiona el cuello, rueda hacia atrás sobre la columna, hasta tocar el suelo con los extremos de los omóplatos. **Espira** mientras vuelves al Paso 2, manteniendo el equilibrio sobre la base del sacro antes de recuperar la posición inicial.

nota
Si has padecido o padeces lesiones en la columna, como dolor o rigidez, limita el recorrido del movimiento del ejercicio hasta que aumenten tu fuerza y flexibilidad.

La rueda con piernas abiertas Estira la columna, facilitando la potencia del transverso

Paso 1
Túmbate boca abajo con la cabeza mirando a la izquierda y las manos cruzadas sobre la columna superior.
Contrae las nalgas y la cara interna de los muslos, alejando los abdominales del suelo.
Inspira.

2

Paso 2
Atrae los talones hacia las nalgas haciéndolos rebotar 3 veces, manteniendo el estiramiento espinal y la contracción abdominal.

Desarrollar potencia
fase intermedia

Doble golpe de talón

Fortalece los extensores de las piernas y las nalgas, y estira la columna

74

Paso 3
Espira, estira las piernas hasta que toquen el suelo, extiende los brazos hacia los pies con las manos entrelazadas, arquea el torso alejándolo del suelo.

Paso 4
Inspira para recuperar la posición inicial con la cabeza vuelta a la derecha, y ve repitiendo la secuencia, alternando la posición de la cabeza. Tras completar las repeticiones descansa en la Posición de liberación de la columna (pág. 102).

Desarrollar potencia
fase intermedia

75

Paso 1
Túmbate boca arriba, estira brazos y piernas, con la pelvis neutral.

Paso 2
Inspira, estira los brazos hacia el techo, estira la columna, contrae los abdominales, flexiona los pies, tensa las nalgas y la cara interna de los muslos.

Paso 3
Estira hacia delante los brazos, flexiona el cuello, échate hacia delante por encima de las piernas. **Espira** para estirar la columna despegándola de la pelvis, con los hombros sueltos.

El rodillo

Ayuda a disociar el movimiento del torso del de la pelvis, y facilita la estabilidad de la cintura escapular

Paso 4
Estírate hacia delante
todo lo que puedas.

Paso 5
Inspira e invierte el movimiento,
recostándote sobre una vértebra tras
otra, contrayendo los abdominales,
las nalgas y los muslos.

nota Si has padecido lesiones espinales, sobre todo
en las estructuras discales o raquídeas, limita
el movimiento hacia delante, evitando la
flexión plena.

Paso 6
Espira, inclinando la cabeza hasta
el suelo mientras los brazos
vuelven a la posición inicial,
estirando miembros y columna.

Desarrollar potencia
fase avanzada

Paso 1

Túmbate boca arriba, con las rodillas flexionadas,
las piernas en línea con las caderas, los abdominales
contraídos, la pelvis neutral, las manos tras la cabeza.
Inspira.
Mientras **espiras**, levanta la cabeza y la columna
superior, apoyando la cabeza en las manos,
y elevando las piernas hasta 90°, con las rodillas
justo por encima de las caderas.

Paso 2

Inspira mientras rotas la escápula derecha hacia
la pelvis izquierda, extendiendo la pierna derecha.
Espira al final del movimiento.

Paso 3

Inspira para cambiar
el movimiento al otro lado,
centrándote en trabajar la cintura.

Torsión de oblicuos

Desarrolla la potencia de los oblicuos y esculpe los abdominales y la cintura

Paso 1
Túmbate boca arriba con piernas y brazos estirados (las palmas hacia abajo), la pelvis neutral, contrayendo los abdominales profundos. **Inspira.**

nota

Si has padecido o padeces lesiones cervicales, limita el recorrido del movimiento rotando sólo hasta la mitad de la columna.

Paso 2
Levanta las piernas hacia atrás, por encima de la cabeza, extendiéndolas en paralelo, contrayendo la cara interna de los muslos y las nalgas; mantén el peso sobre los omóplatos y presiona la cara interna de los brazos para equilibrarte.
Espira abriendo las piernas en línea con las caderas, rueda hacia atrás de vértebra en vértebra, manteniendo la contracción intensa de los abdominales.
Baja lentamente las piernas, volviendo a la posición inicial.

Variación
Repite el ejercicio con las piernas al revés: abre las piernas en línea con la cadera y hazlas pasar por encima de la cabeza, cerrándolas a medida que las vuelves a bajar hacia el suelo.

Rotación hacia atrás

Facilita la flexibilidad de los músculos de la columna y la movilidad, el equilibrio y la coordinación espinales

Desarrollar potencia
fase avanzada

Paso 2
Inspira para empezar a girar las piernas hacia la derecha.

Paso 3
Rota las piernas a la derecha y hacia abajo.

Paso 4
Sigue rotando hacia la izquierda para volver a la posición inicial, completando el círculo mientras **espiras**.

Paso 1
Túmbate boca arriba, con las piernas estiradas y la pelvis neutral.
Levanta las piernas hacia el techo por encima de las articulaciones coxofemorales, libera la parte posterior de la rodilla y mantén la pelvis neutral; contrae las nalgas y la cara interna de los muslos.

El sacacorchos

Desarrolla la estabilidad de la columna lumbar y la pelvis, mejora la articulación de la cadera y fortalece los abdominales

Desarrollar potencia
fase avanzada

Paso 1
Equilíbrate sobre el sacro con las piernas juntas a unos 45° respecto a las caderas; extiende los brazos por detrás del torso, apoyando las manos en el suelo.

Paso 2
Inspira haciendo rotar las piernas hacia abajo y a la derecha, manteniendo los brazos estirados y la extensión espinal.
Espira y sigue rotando las piernas hacia la izquierda, volviendo a la posición inicial.
Repite el círculo empezando hacia la izquierda.
Alterna la dirección del círculo con cada repetición.

Giro de cadera
Fortalece a fondo los abdominales y fomenta el control de la región pelvicolumbar

Desarrollar potencia
fase avanzada

Paso 1

Túmbate boca arriba, rodillas flexionadas y paralelas. **Inspira,** baja los omóplatos hacia las costillas, estira la columna, contrae los abdominales.

Espira elevando la pelvis al nivel de la columna media, contrayendo abdominales, nalgas y tendones de la corva, centrando el peso en los pies.

Paso 2

Inspira mientras levantas la pierna hasta que esté vertical sobre la colchoneta.

El puente de hombro

Mejora la movilidad de la columna lumbar y fortalece las nalgas y los tendones de la corva

Paso 3

Espira y empieza a bajar la pierna izquierda.

Paso 4

Baja la pierna hasta que esté a la altura de la rodilla derecha.
Vuelve a la posición inicial mientras **inspiras.**
Repite con la otra pierna.

Desarrollar potencia
fase avanzada

83

Paso 1
Túmbate boca arriba con la cabeza sobre las manos, la columna estirada, las piernas en línea con las caderas, los pies flexionados. Contrae los abdominales. **Inspira.**

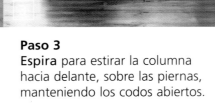

Paso 2
Levanta el tronco, flexionando la columna de vértebra en vértebra, contrayendo las nalgas.

Paso 3
Espira para estirar la columna hacia delante, sobre las piernas, manteniendo los codos abiertos.

Tirón de cuello Desarrolla la fuerza de los abdominales y facilita la flexibilidad espinal

Paso 4
Inspira para volver a la posición erguida, estirando hacia arriba la cabeza.

Paso 5
Espira mientras te recuestas hacia atrás, vértebra a vértebra, volviendo a la posición inicial.

nota Si padeces o has padecido disfunciones espinales, evita la flexión plena durante el movimiento hacia delante; llega sólo a la mitad del recorrido hasta que tu potencia aumente.

Desarrollar potencia
fase avanzada

85

Paso 1
Túmbate boca abajo, con los brazos estirados por encima de la cabeza y las piernas extendidas. Contrae los abdominales, estira la columna lumbar. **Inspira.**

Paso 2
Espira mientras elevas los brazos y el torso superior.

Paso 3
Inspira para liberar el cuello, mirando hacia el suelo mientras los brazos describen un círculo hacia las caderas.

La brazada de pecho

Desarrolla la longitud y extensión de la columna y facilita la estabilidad de la cintura escapular

Si padeces un problema discal, la extensión de la columna puede provocarte molestias; modifica el ejercicio en cuanto al recorrido o las repeticiones. Si tienes problemas de estabilidad, evita todas las extensiones.

Paso 4
Espira flexionando los codos.

Paso 5
Estira los brazos hacia delante. Vuelve a la posición inicial. Tras completar las repeticiones, **descansa** en la Posición de liberación de la columna (pág. 102)

Desarrollar potencia
fase avanzada

87

Paso 1
Túmbate boca abajo,
con las piernas estiradas.
Bajando los omóplatos, extiende
hacia delante los brazos y contrae
los abdominales. **Inspira**.

Paso 2
Espira, eleva el brazo izquierdo,
la pierna derecha y la cabeza,
manteniendo estirada la parte
posterior del cuello y la pelvis
neutral a medida que estiras los
miembros y la columna.

nota

El nadador es un ejercicio
que usa todo el cuerpo
según un modelo muy
dinámico, así que ve
adquiriendo poco a poco
la fuerza para hacer los
movimientos. Si padeces
un problema discal,
la extensión puede
causarte molestias; altera
el recorrido del ejercicio
o las repeticiones. Si tienes
problemas de estabilidad,
evita las extensiones.

El nadador Ayuda a aprender cómo estirar la columna y fortalecer los extensores espinales

Paso 3
Inspira para bajar los miembros y la cabeza hasta la posición inicial, manteniendo la extensión espinal y la activación abdominal. **Espira** para repetir con los miembros opuestos.

Progresión 1
Levanta los cuatro miembros y la cabeza. Mantén la posición durante 5 **inspiraciones** y 5 **espiraciones** (ver derecha).

Progresión 2
Mantén la posición en la Progresión 1 y comienza a alternar la elevación diagonal de los miembros, con mayor rapidez, sin tocar con ellos la colchoneta; es decir, haz un movimiento real de natación. Continúalo durante 10 **inspiraciones** y 10 **espiraciones**.

Desarrollar potencia
fase avanzada

89

Paso 1
Apóyate sobre la rodilla derecha, con la mano derecha apoyada en el suelo directamente debajo del hombro, con la mano izquierda descansando en la pelvis. Estira la pierna izquierda en la horizontal de pelvis y costillas y contrae los abdominales. **Inspira.**

nota
Si padeces problemas de rodilla, cuidado con las posturas arrodilladas; arrodíllate sobre una toalla arrollada para sujetar la articulación.

Paso 2
Espira flexionando la pierna izquierda hacia delante y luego hacia atrás, con el pie estirado, manteniendo el equilibrio y la alineación del torso. Repite con la otra pierna.

Patada lateral de rodillas
Desarrolla la fortaleza lateral del tronco y los músculos de la cadera y mejora el equilibrio

Desarrollar potencia
fase avanzada

90

Paso 1

Siéntate con las rodillas flexionadas a un lado y el pie izquierdo ligeramente por delante del derecho. Coloca la palma de la mano derecha en el suelo, justo debajo del hombro. **Inspira.**

Paso 2

Espira levantando el cuerpo, canalizando el peso por el brazo derecho a medida que lo estiras, extendiendo las piernas y estirando el cuerpo desde la coronilla hasta los pies. **Inspira.**

Paso 3

Espira elevando el brazo izquierdo por encima de la cabeza, estirando el brazo y la columna.

Paso 4

Inspira haciendo bajar el cuerpo hasta la posición inicial. Repite sobre el otro lado.

Flexión lateral
Desarrolla el equilibrio y fortalece el torso, los oblicuos y los brazos

Desarrollar potencia
fase avanzada

Paso 1

Ponte a cuatro patas, con las manos justo debajo de los hombros.

Contrae los abdominales profundos y extiende las piernas hasta que el cuerpo esté en una postura de empuje, con el peso sobre los pulpejos de los pies.

Paso 2

Inspira extendiendo hacia arriba la pierna derecha, ligeramente por encima de la pelvis.
Espira devolviendo la pierna al suelo. Repite el ejercicio sobre la pierna izquierda, volviendo a la posición de rodillas para acabar.

Desarrollar potencia
fase avanzada

Tirón de pierna hacia abajo

Desarrolla la fuerza de brazos y tronco, así como de los extensores de la columna y de la pierna

Paso 1
Siéntate con las piernas estiradas, la columna extendida, los hombros sueltos y las manos sobre el suelo cerca de la pelvis.
Inspira elevando la pelvis hasta que brazos y piernas estén plenamente estirados, manteniendo la contracción de abdominales, nalgas y cuádriceps.

Paso 2
Extiende la pierna izquierda hacia arriba, con el pie estirado, de modo que cabeza y dedos del pie estén a la misma altura.
Espira bajando la pierna sin llegar a tocar el suelo.

Paso 3
Repite sobre la pierna derecha. Haz bajar las nalgas hasta el suelo para volver a la posición inicial.

Tirón de pierna hacia arriba

Desarrolla la potencia del torso, facilita el control de la pelvis y fortalece los cuádriceps

Desarrollar potencia
fase avanzada

93

Paso 1
Siéntate con las piernas estiradas, con la derecha cruzada sobre el tobillo izquierdo. **Inspira.**

Paso 2
Échate hacia atrás, pasando las piernas por encima de la cabeza. **Espira.**

Paso 3
Inspira y rueda acabando con las piernas en forma de «V», estirando los brazos hacia los pies.

El bumerán

Desarrolla la flexibilidad de la columna, fortalece el torso y mejora la coordinación del cuerpo

Paso 4
Equilíbrate y haz rotar los brazos hasta detrás de la espalda; entrelaza las manos.

Paso 5
Espira e inclínate hacia delante, bajando las piernas hasta el suelo, estirando el cuerpo sobre ellas y los brazos a la espalda.

nota

Si padeces o has padecido lesiones espinales, limita el recorrido del ejercicio y minimiza las repeticiones hasta que desarrolles potencia y coordinación.

Paso 6
Describe un círculo con los brazos en dirección a los pies. Vuelve a la posición inicial.

Desarrollar potencia
fase avanzada

95

Paso 1
Ponte de pie con los pies en la vertical de las caderas, contrayendo los abdominales. **Inspira.** **Espira** mientras te inclinas hacia delante.

Paso 2
Coloca las manos en el suelo, frente a los pies.

Paso 3
Inspira para caminar sobre las manos por delante, sin mover los pies.

El empujón

Mejora la potencia de los brazos, el pecho y la columna superior, y facilita la flexibilidad de los tendones de la corva

Paso 4
Camina hacia atrás sobre las manos hasta que estén directamente bajo los hombros.

Paso 5
Espira mientras flexionas los brazos para hacer bajar la cadera, en línea con el cuerpo entero, y luego **inspira** mientras extiendes de nuevo los brazos. Repítelo 5 veces.
Flexiona la columna hacia arriba, **espira** y camina sobre las manos hacia los pies mientras **inspiras**. **Espira** mientras te incorporas.

Paso 2
Baja las piernas hasta 45°, contrayendo los abdominales. **Inspira** para empezar a levantar los brazos.

Paso 1
Túmbate boca arriba con las dos piernas elevadas en línea con las caderas, y los brazos estirados por encima de la cabeza.

Paso 3
Extiende los brazos hacia los pies, elevando el torso superior del suelo, como si flotaras.

El rompecabezas

Desarrolla la fuerza concentrada de los abdominales, el equilibrio y el control del torso en una postura sin apoyo externo

Paso 4
Mantén la posición en «V»
concentrando el peso en el sacro.

Paso 5
Espira para recostarte hacia atrás,
vértebra a vértebra,
contrayendo las nalgas,
y vuelve a la posición inicial.

nota

El rompecabezas es uno de los ejercicios más difíciles, de modo que progresa lentamente y haz sólo unas pocas repeticiones hasta que desarrolles más potencia.

Desarrollar potencia
fase avanzada

Paso 1
Túmbate boca arriba con la pelvis en posición neutral, los abdominales contraídos, las piernas estiradas.
Inspira, contrae la cara interna de los muslos y las nalgas, eleva las piernas en ángulo recto, directamente sobre las caderas.

Paso 2
Estira las piernas sobre la cabeza, rodando hacia la parte inferior de los omóplatos a medida que **espiras.**

nota
Si tienes problemas moderados o graves de columna cervical, evita este ejercicio.

Paso 3
Inspira para estirar las piernas hacia arriba, presionando sobre los brazos hasta que aquéllas se hallen casi en vertical.
Espira para recostarte lentamente hacia delante, vértebra a vértebra, usando la fuerza de los abdominales interiores para controlar el movimiento, de modo que ambos lados de la pelvis contacten con el suelo a la vez. Baja las piernas hasta la posición inicial.

La navaja

Desarrolla la potencia de los abdominales profundos, las nalgas y los muslos, y libera los hombros y la columna superior

Crear
flexibilidad

Paso 1
Estira la columna, aumentando la distancia entre pelvis y cabeza, y estira los brazos para liberar los omóplatos de la parrilla costal. Usa también esta postura para liberar la columna entre ejercicios, sobre todo tras movimientos de tensión.

nota También puede usarse esta postura para desarrollar un ritmo respiratorio en las costillas traseras, mejorando su movilidad y el movimiento de la columna torácica.

Crear flexibilidad

Posición de liberación de la columna

Para alargar la columna, movilizar los omóplatos en la parrilla costal y liberar la columna entre distintos ejercicios

102

Paso 1

Túmbate boca arriba, con las rodillas dobladas, los pies a la anchura de las caderas, la pelvis neutral, los hombros sueltos. Flexiona la rodilla derecha hasta el pecho, estirando la pierna izquierda con el tobillo flexionado, y presiona con el talón para aumentar la sensación de estiramiento; mantén la pelvis neutral y libera la columna inferior.

Paso 2

Vuelve a la posición inicial. Repite con la otra pierna.

Estiramiento lumbar y coxal Mejora la flexibilidad de las caderas y la columna lumbar

Crear flexibilidad

Paso 1
Túmbate boca arriba con los
brazos estirados hacia fuera,
con las palmas hacia arriba,
las piernas en línea con las
caderas, las rodillas flexionadas.

Paso 2
Estira la pierna izquierda hasta el
suelo, baja la pierna derecha hacia
la izquierda, y coloca el pie
derecho bajo la rodilla izquierda.

Paso 3
Gira la cara hacia la derecha,
estirando ambos brazos y
alejándolos del torso, y luego
estira el brazo izquierdo sobre
el pecho.
Vuelve a la posición inicial.
Repite hacia el otro lado.

Crear flexibilidad

Estiramiento pectoral y espinal Incrementa la flexibilidad de torso y columna

Paso 1
Túmbate con las piernas en línea con las caderas, las rodillas flexionadas, la pelvis neutral, los hombros sueltos.

Paso 2
Estira la pierna derecha hacia arriba, colocando las manos en torno a la rodilla y la pantorrilla.

Paso 3
Mantén la pelvis neutral, estirando la pierna hacia el torso mientras relajas el tronco superior.
Lentamente, baja la pierna izquierda hacia el suelo para aumentar el estiramiento.
Vuelve a la posición inicial.
Repite por el otro lado.

Variación
Usa una toalla en torno al pie para ayudar a la extensión de pierna.

Crear flexibilidad

Estiramiento de tendones Aumenta la flexibilidad de los tendones de la corva

105

Paso 1
Túmbate boca abajo,
contrayendo los abdominales,
las piernas estiradas,
los pies juntos, las manos planas
a ambos lados de la cabeza.

Paso 2
Presiona sobre las palmas,
estirando los brazos y el torso.
Manteniendo la pelvis
en contacto con el suelo,
contrae nalgas y muslos.

Paso 3
Estira el torso, manteniendo la pelvis neutral,
hasta que el torso esté elevado y el peso recaiga
sobre manos y pies y sobre el torso superior.
Vuelve a la posición inicial.

Crear flexibilidad

Estiramiento pectoral / abdominal Aumenta la flexibilidad del pecho

106

Paso 1
De pie con la columna recta
y la pelvis neutral, contrae los
abdominales y libera los hombros,
con los pies paralelos y
en línea con las caderas.

Paso 2
Da un paso adelante con la pierna
derecha, flexionándola, con la rodilla
derecha justo por encima del tobillo,
manteniendo la pelvis neutral.
Extiende los brazos hacia arriba.

Paso 3
Haz bajar la rodilla izquierda
hasta el suelo.
Vuelve a la posición inicial.
Repite con la otra pierna.

Estiramiento de psoas Aumenta la flexibilidad de los músculos de la cadera

Crear flexibilidad

Paso 1
Túmbate con·la pelvis neutral,
las piernas en línea con las caderas,
con las rodillas flexionadas
y los hombros sueltos.

1

2

Paso 2
Cruza la pierna derecha sobre el
muslo izquierdo, abriendo hacia
fuera la cadera derecha.

Estiramiento del piriforme

Reduce la tensión muscular en los glúteos interiores, realinea la articulación sacroilíaca y libera la columna lumbar

Paso 3

Cógete con las manos el muslo izquierdo, manteniendo la pierna izquierda en ángulo recto con el suelo.
Sube la pierna izquierda hacia el pecho usando la fuerza de la espalda superior, e intensifica el estiramiento.

Paso 4

Vuelve a la posición inicial. Repite el Paso 2 con la pierna izquierda cruzada sobre la derecha.

Paso 5

Cógete con las manos el muslo derecho, manteniendo la pierna derecha en ángulo recto con el suelo y la pelvis neutral.
Sube la pierna derecha hacia el pecho usando la fuerza de la espalda superior, e intensifica el estiramiento.

Crear flexibilidad

109

Paso 1
Coloca las manos debajo de los hombros y las rodillas bajo las caderas, manteniendo neutral la columna inferior. **Inspira.**

Paso 2
Espira, contrayendo los abdominales hacia la columna, flexionándola hacia arriba y bajando la barbilla hacia el pecho.

Paso 3
Vuelve a la posición inicial mientras **inspiras.**

Paso 4
Mientras **espiras,** contrae las nalgas, haz bajar los omóplatos hacia las costillas y estira el cuello mirando hacia arriba. Vuelve a la posición inicial.

Crear flexibilidad

El gato Facilita el conocimiento de la columna y la movilidad de ésta y de la pelvis

Paso 1
Siéntate con la columna estirada, el peso equilibrado en toda la pelvis, las piernas estiradas y paralelas, los hombros sueltos.

nota Siente cómo tu respiración llega hasta la parte trasera del torso, y envíala a la base de la columna para liberar y estirar la columna lumbar.

Paso 2
Estira la columna alejándola de la pelvis, estirando los brazos hacia los tobillos.

Paso 3
Flexiona la columna, llevando el tronco hacia las piernas; presiona las rodillas en el suelo, con los tobillos flexionados. Vuelve a la posición inicial.

Estiramiento espinal y de tendones de la corva

Incrementa la flexibilidad de la columna y los tendones de la corva

Crear flexibilidad

Paso 2
Estira los brazos por encima de la cabeza y cruza las muñecas, contrayendo los abdominales. Flexiona las rodillas llevando los muslos paralelos hacia el suelo, extendiendo la columna media y elevando el pecho, sin perder el contacto de los talones con el suelo.
Vuelve a la posición inicial.

Variación
Colócate con la columna apoyada en la pared.

Paso 1
Ponte en pie con la columna recta, los pies juntos y paralelos y los hombros sueltos.

Crear flexibilidad

Estiramiento del torso superior Aumenta la flexibilidad del torso superior

Paso 1
Ponte en pie con los pies en línea
con las caderas, estira la columna,
libera la columna inferior,
contrae los abdominales.

Mantener la postura: 20 inspiraciones y 20 espiraciones

Paso 2
Flexiona la rodilla derecha
en línea con el tobillo,
estira la columna,
manteniendo neutral la
pelvis, y extiende la pierna
izquierda hacia atrás.

Paso 3
Coloca la mano derecha sobre el
suelo, ligeramente por delante del
pie derecho, abre el pecho, rota la
columna, coloca la mano izquierda
sobre la pelvis, y mira hacia arriba.
Vuelve a la posición inicial.
Repite hacia el otro lado.

Estiramiento de flexores de tronco y cadera

Fortalece y tonifica las piernas y facilita la flexibilidad de las caderas y el torso

Crear flexibilidad

113

Paso 1

Ponte en pie con la columna recta y los abdominales contraídos.

Paso 2

Coloca los brazos tras la columna media, aferrándote los antebrazos; abre el pecho. Da un paso adelante con la pierna izquierda, estirando la columna y manteniendo la pelvis neutral.

Paso 3

Flexiona la columna, estirando el torso hacia la rodilla izquierda; mantén la extensión de las piernas. Vuelve a la posición inicial. Repite con la otra pierna.

Crear flexibilidad

Estiramiento espinal y pectoral Aumenta la flexibilidad de la columna y el pecho

Programas
especializados

Estos programas especializados están diseñados para enfatizar áreas específicas, permitiéndote concentrarte en desarrollar la potencia, el equilibrio, la coordinación y la flexibilidad.
Usa el mismo número de repeticiones que las indicadas para cada ejercicio individual.

Inclinación pélvica **página 49**

Giro de columna **página 51**

Isometría pélvica **página 52**

Movimiento abdominal **página 54**

Programa pelvicolumbar

Fortalece, estabiliza y mejora el movimiento funcional de la columna lumbar y la región pélvica, y ayuda a recuperarse de lesiones o a evitarlas

El puente **página 56**

La almeja **página 57**

Extensión espinal **página 59**

Estiramiento frontal de la columna fase inicial **página 64**

Elevación lateral de pierna fase inicial **página 65**

Golpe de talón fase inicial **página 66**

Rotación hacia atrás fase avanzada **página 79**

El nadador fase avanzada **página 88**

Estiramiento lumbar y coxal **página 103**

Estiramiento pectoral y espinal **página 104**

Programa pelvicolumbar (continuación)

Estiramiento de tendones **página 105**

Estiramiento de psoas **página 107**

El gato **página 110**

Estiramiento espinal y de tendones de la corva **página 111**

Estiramiento espinal y pectoral **página 114**

Extensión de brazos **página 47**

Brazos flotantes **página 48**

Movimiento cervical **página 53**

La cobra **página 58**

Programa para la cintura escapular y torso
Libera, estabiliza y protege el cuello de un mal uso o abuso, y fortalece el torso superior facilitando su función coordinada

Preparación para el rodillo **página 60**

Estiramiento frontal de la columna fase inicial **página 64**

El remo fase intermedia **página 70**

El rodillo fase avanzada **página 76**

La brazada de pecho fase avanzada página 86

El bumerán fase avanzada página 94

El empujón fase avanzada página 96

Programa para la cintura escapular y torso (continuación)

Posición de liberación de la columna **página 102**

El gato **página 110**

Estiramiento del torso superior **página 112**

Estiramiento espinal y pectoral **página 114**

Programas especializados

123

Glosario

Abdominales: es el nombre común del músculo recto abdominal, que discurre en vertical por toda la parte frontal del abdomen. Sujeta los órganos abdominales y mantiene hacia arriba la parte frontal de la pelvis.

Anterior: delante o hacia delante.

Articular: formar una articulación. Las vértebras se articulan con los discos intervertebrales.

Cigapofisarias (articulaciones): o carillas articulares, formadas por las apófisis articulares a derecha e izquierda de la vértebra. Mantienen en su lugar las articulaciones intervertebrales.

Cuerpo vertebral: la parte principal de cada vértebra. Los cuerpos vertebrales son los que se unen para formar la columna vertebral.

Escápula: el omóplato.

Extensión: enderezamiento.

Flexión: dobladura.

Glúteo o glúteo mayor: los músculos que forman las nalgas.

Intervertebral: situado entre una y otra vértebra.

Lateral: hacia el lado o de lado.

Lordosis: curvatura (de la columna cervical o lumbar).

Oblicuos: los oblicuos internos y externos son músculos abdominales. El oblicuo interno cruza el abdomen horizontalmente, lo comprime y mueve el torso. El oblicuo externo es un músculo abdominal lateral. Comprime el abdomen y se usa cuando movemos el torso en cualquier dirección.

Pelvicolumbar: relativo a la zona estrecha de la espalda, compuesta por las vértebras lumbares, el sacro, los huesos coxales y el cóccix.

Piriforme: un músculo que actúa sobre la articulación coxal. Tira del muslo hacia fuera cuando se flexiona la cadera, y hacia dentro cuando ésta se estira.

Posterior: en la parte de atrás o detrás de algo.

Sacroilíacas (articulaciones): las dos articulaciones de la espalda inferior, donde el sacro se une con el íleon (parte del hueso coxal).

Torácico: relativo al tórax, que es la parte del cuerpo rodeada por la parrilla costal.

Índice

Editora ejecutiva: **Anna Southgate**
Editora: **Sharon Ashman**
Directora de arte: **Rozelle Bentheim**
Diseñadores: **Maggie Town** y **Bev Price**
Producción: **Edward Carter**
Fotografía: **Niki Sianni**
Ilustraciones: **Bounford.com**
Modelos: **Briany Plant, David McCormick**
y **Robert Clarke**

Agradecimientos